Eva Male

Wenn uns die Fälle davonschwimmen …
Sprachspaltereien

Eva Male

Wenn uns die Fälle davonschwimmen …

Sprachspaltereien

Amalthea

FÜR SISSELA

Inhalt

Vorwort

„Der auch dem Latein-Unkundigen als demonstratives Pseudonym erkennbare Name Male verrät, dass dem Vorgebrachten nicht zu trauen ist, und der ebenso demonstrative Vorname Eva kündet Verführung zur Sprachsünde an."

Diese Worte eines Lesers sind mir im Gedächtnis geblieben.

Die Leser dieses Buches mögen selber entscheiden, inwieweit sie der Sprachkritik „trauen" und sich zu Sprachsünden verführen lassen wollen. Den folgenden 200 Seiten liegen jedenfalls fast zehn Jahre intensiver Beobachtung des sprachlichen Alltags zugrunde.

Die Liebe zur Sprache ist mir sozusagen in die Wiege gelegt worden. In der Familie wurde auf korrekten Sprachgebrauch großer Wert gelegt, Sprachwitz und Wortspielereien standen hoch im Kurs. Dass die Kinder häufig ausgebessert wurden, ging ihnen natürlich auch kräftig auf die Nerven. Eher gefiel ihnen, wenn sie für Fehler, die sie etwa in der Zeitung entdeckten, Prämien erhielten.

Eine wichtige Rolle spielte dabei der im Folgenden oft zitierte Onkel Otto, der die Spracherziehung der Sprösslinge mit Zuckerbrot und Peitsche forcierte und den die Autorin posthum ehren möchte. Wobei der Verwandtschaftsgrad leicht verändert wurde. Onkel Otto hätte sich gefreut, die Sprachkolumnen in Buchform erscheinen zu sehen. Herzlich danke möchte ich Monika Streissler und

Claudia Schreiner für die sorgfältige Durchsicht des Manuskripts.

Seit 1998 habe ich die Ehre, im „Spectrum", der Wochenendbeilage der „Presse", auf den Spuren von Karl Hirschbold („Pirschgänge im Sprachrevier") und Edwin Hartl („Sprachspaltereien") zu wandeln. Aus den gesammelten Sprachkolumnen, die im Zwei-Wochen-Rhythmus erscheinen, ist das vorliegende Buch entstanden. Die ursprünglichen Texte wurden adaptiert und thematisch geordnet in Kapiteln zusammengefasst.

Von Anfang an war es mir ein Anliegen, Fehler und sprachliche Ungereimtheiten weniger mit erhobenem Zeigefinger als vielmehr mit spitzer Feder und Augenzwinkern aufzugreifen. Sprachkritik – ja, aber, wie ich hoffe, auf unterhaltsame Weise.

Wien, 13. September 2007   Eva Male

Der tägliche Pleonasmus

Ein sprachlicher Höhepunkt jagt den anderen.
Was der „Doppler-Effekt" aus der Sprache macht

Wir leben in einer Welt, in der Superlative nicht mehr ausreichen. *Optimale* Bedingungen werden heute gern in *optimalste* gesteigert. *Optimal* sollte freilich genau genommen schon das höchste der Gefühle sein, weil die zweite Steigerungsstufe grammatikalisch nicht mehr übertroffen werden kann; schließlich würde man auch die deutschsprachige Version des lateinischen Wortes – die „günstigsten, besten" Bedingungen – nicht noch höher in den Himmel heben.

Man muss *optimal* aber auch nicht „herunterstufen", indem man etwas, was weniger als optimal ist, *suboptimal* nennt, also ein bisschen *weniger gut* als *am besten*. Warum nicht einfach *nicht optimal*? Weil es nicht ganz so gebildet klingt? Im Gegenteil! *Suboptimal* macht einen nicht ganz so gebildeten, also halb- respektive subgebildeten Eindruck.

Quasi suboptimal ist auch der an Fehlern reiche Elternbrief, den die neue Direktorin eines Wiener Gymnasiums den Kindern nach Hause mitgab. „Es ist uns ein großes Anliegen, Ihr Kind in seiner Persönlichkeitsentwicklung *bestmöglichst* zu fördern."

Auch die Tourismus-Werbung schlägt gelegentlich munter über die Stränge, etwa indem sie *bestausgestattetste* Kurhäuser anpreist. Der Superlativ steckt bereits in *best-* (und der Teufel im Detail) – doppelt hält in diesem Fall nicht besser. Auch kann ein Land nicht das *dichtbevölkertste* Europas sein. Dichtestbevölkert!

11

Mit Nachdruck behauptet mancher, er habe etwas in *keinster* Weise beabsichtigt. Der Gebrauch von „in *keiner* Weise" würde das Gewissen des Reumütigen freilich auch in sprachlicher Hinsicht beruhigen. *Kein* ist kein Adjektiv und kann daher keinesfalls gesteigert werden. Die Leute mögen sich bitte nicht so hineinsteigern.

„Heute um 16 Uhr gibt es die *aller-allerletzte* Vorstellung im Wiener Rennaissancetheater." Sollen wir nun hineinrennen? Angesichts des „Rennaissancetheaters" will man am liebsten davonrennen. Re-naissance, Wiedergeburt.

Es mutet wie eine Art „Doppler-Effekt" an: In einem Geschäft fragte man mich, ob die gesuchte Hose *schwarz* oder *schwarz-schwarz* sein sollte. Wie bitte, noch schwärzer als schwarz? Na ja, verwaschen oder richtig schwarz, erläuterte die Verkäuferin.

Nicht einmal auf Farben ist mehr Verlass. Kann die sprichwörtliche weiße Weste etwa noch weißer werden? Auch *kurze Shorts* fallen in diese Kategorie, sind doch Shorts per definitionem kurz.

Die Verdoppelung lässt das Gesagte häufig nicht nachdrücklicher wirken – im Gegenteil: Durch die Übertreibung wird die Aussage geschwächt. Je dicker die Leute auftragen, desto dünner ist das, was „ankommt", was haften bleibt.

Nichts gegen einen ordentlichen Pleonasmus, bewusst eingesetzt und wohl platziert. Ein weißer Schimmel da, ein alter Greis dort. Jene Pleonasmen jedoch, wie sie sich heute so großer Beliebtheit erfreuen, sind meistens keine Stilmittel, sondern einfach Irrtümer.

Wenn beispielsweise jemand von einem Journalisten als *früherer Veteran* des Vietnamkrieges bezeichnet wird. Ist der Mann jetzt etwa kein Veteran mehr? Sie wissen schon, worauf wir hinauswollen: *Veteran* allein genügt.

Um einen Pleonasmus handelt es sich übrigens auch bei der sprichwörtlich gebrauchten *alten Vettel*. Onkel Otto pflegte seine Gemahlin unter anderem mit diesem liebevollen Kosenamen zu benennen, zu ihrer mäßigen Freude.

Was da phonetisch nach einer fetten Person klingt – und eine solche war die Gemahlin keineswegs! –, entpuppt sich in Wirklichkeit schlicht als alte Frau, lateinisch *vetula*. Die *vetula* ist dem Veteranen etymologisch verwandt, die *alte Vettel* sinngemäß dem *früheren Veteranen*.

Ständig sind wir auf Reisen, immer unterwegs. *Internationale Globetrotter* nennt uns die Nachbarin ehrfürchtig. Schmeichelhaft – aber zu viel des Guten: Die Erdkugel, der Globus, ist per se international, ebenso der Globetrotter, auch ohne selbiges Attribut.

Doppelt gemoppelt ist auch das *Totenrequiem* – denn wer feiert schon ein Requiem für Lebende? Requies, die Ruhe. Ewige Ruhe.

Der allgemeine Hang zu Pleonasmen ist ebenso feststellbar, wenn etwa eine Zeitung von einem *alljährlichen annual meeting* oder von einem *studierten Wissenschaftler* schreibt.

Dazugehören müssen auch – per definitionem – *Accessoires*, wenn sie ihrem Namen gerecht werden wollen. *Dazugehörige Accessoires?* Ein Overkill! Genauso der *Inzest innerhalb der Familie,* den das Fernsehprogramm ankündigt, ein *mündliches Gespräch*, ein *endgültiges Ultimatum*.

In Zeitungen liest man von *Megastaus mal zwei*. Als ob Megastaus mal eins nicht ausreichen würden, um die Lage treffend zu beschreiben. Der sprachliche Größenwahn, die Megalomanie, gibt sich damit allerdings nicht zufrieden.

Oder soll es ein modernes Stilmittel sein? Ist es etwa höflicher, Fotojournalisten eine *Gelegenheit für eine Foto- und Filmmöglichkeit* zu geben als bloß letztere?

Auf der Zunge zergehen lassen kann man sich auch die

als solche angepriesene *Schachtel Bonbonniere*. Da eine Bonbonniere eine Schachtel für/mit Bonbons ist, muss eine Schachtel Bonbonniere eine Schachtel sein, gefüllt mit Schachteln voll Bonbons, eine Bonbonniere-Babuschka sozusagen. Was will man mehr?

Auch der Wunsch *Gute Besserung* ist genau genommen ein Humbug. *Gut* ist in gesteigerter Form ja bereits in *Besserung* enthalten und passt nicht als Attribut. Sinnvoller erscheint *Baldige Besserung*. Onkel Otto jedenfalls, der in den letzten Jahren vor seinem Tod sehr krank war, wurde von dem Genesungswunsch *Gute Besserung* nur noch kränker.

Zu Lebzeiten aber wollen wir uns die – an sich überflüssigen – Pleonasmen nicht immer versagen. Der tägliche Pleonasmus vermag es schließlich, den faden Alltagstrott ein bisschen aufzulockern. So fragte eine Freundin jüngst in pikant-provokativem Ton, ob nicht *Oralsex am Telefon* ein Pleonasmus sei. Und ein Freund sinnierte über die Formulierung *bar freigemacht*. Ist es eine zu freie Interpretation, bar der Vernunft, auch hier an einen Pleonasmus zu denken?

„Wir schicken Ihnen monatlich frische Versandideen – portofrei." Was da im Eduscho-Prospekt angepriesen wird! Das möchte ich sehen, wie Eduscho *Versandideen* versendet – und vor allem, wie die Empfänger reagieren würden. Es handelt sich wohl eher um den Versand von Artikeln, denen jeden Monat neue Ideen zugrunde liegen.

Da ist mit einer Schweigeminute noch nicht das letzte Wort gesprochen

Die Welt der Gegensätze und Widersprüche

Stolz auf seinen Service ist das Hotel Marriott am Wiener Parkring, das die Wünsche seiner Gäste bestmöglich zu erfüllen versucht. „Sollte dies nicht der Fall sein", heißt es in einer Information für die Kunden, „so sind Sie für die nicht erbrachte Leistung unser Gast."

Nichts leichter als das. Jemanden auf eine nicht erbrachte Leistung einzuladen, macht ja in Wirklichkeit keine Mühe. Liebe Gäste: Was Sie nicht bekommen haben, wird Ihnen großzügig geschenkt.

Ein Angebot, das sich das Hotel schenken könnte. Oder anders formulieren müsste. Etwa: „Sollte die Bedienung nicht Ihren Erwartungen entsprechen, entschädigen wir Sie umgehend, indem wir Ihre Wünsche kostenlos erfüllen."

Anderswo wirbt ein Bekleidungsgeschäft für den Ausverkauf: „Auf alle Waren minus zehn Prozent Preisnachlass." Da bedanken wir uns herzlich!

Eine *No host cocktail party* wurde kürzlich auf einer Tagung in den USA gegeben. Eine Party ohne Gastgeber? Wie ungewöhnlich! (Aber gut, schließlich kann ja auch Butter durch *nichts* ersetzt werden – warum nicht das Gleiche mit Gastgebern tun?) Wie sich herausstellte, hieß die Cocktailparty nur so, weil im Unterschied zu anderen Empfängen während der Tagung nicht eine bestimmte Firma einlud. Wenn man's wörtlich nimmt, könnte man sich also von der nächsten eigenen Party einfach davonschleichen.

15

Auch Lebensqualität betrifft nicht nur Lebende, wie eine Aussendung der Wiener Stadtwerke annehmen lässt: „Die Wiener Stadtwerke bemühen sich stets, durch ihre Dienstleistungen – öffentlicher Verkehr, Energieversorgung und *Bestattungswesen* – die *Lebensqualität* in unserer Stadt zu steigern." Lebensqualität, bis in den Tod hinein. Eine interessante Formulierung.

Gleiches gilt – inhaltlich – für folgenden Satz, von der verwegenen Konstruktion einmal abgesehen: „Was ein echter Fan ist, da ist mit einer *Schweige*minute noch nicht das letzte *Wort* gesprochen." Dem ist eine gewisse Logik nicht abzusprechen. Wie will man das letzte Wort sprechen, wenn man schweigt?

„Fehlendes Spezialgerät macht die Bergung schwer", schreibt eine Zeitung. Wie kann jedoch ein Gerät, das gar nicht vorhanden ist, etwas erschweren? Richtig müsste es heißen: Das Fehlen von Spezialgerät … Und wie soll man sich den *allgegenwärtigen Platzmangel* im Café Prückel vorstellen?

„Ich *zieh' mich* gerade *an*, um *Nacktgerste* kaufen zu gehen", sagt eine Freundin am Telefon. Wenn das nicht unfreiwillig komisch klingt! Gegensätze ziehen sich an, Freundinnen auch, Gerste bleibt nackt.

Ein *bewegliches Fest* – man weiß, was das ist. Ostern etwa, das nicht auf einen fixen Kalendertag fällt, sondern sich jeweils nach dem ersten Frühlingsvollmond richtet. Wenn man es sich genau überlegt, ist es freilich auch ein hübscher Gegensatz: beweglich – oder fest? Von *herausragenden Wermutstropfen* war andernorts die Rede. Inhaltlich ist es klar, das Bild indes schief. Geradezu ein Widerspruch, *Contradictio in adiecto*. Tropfen können tropfen, aber können sie *herausragen*? Es erinnert an die *aktive Pause*, welche die Turnlehrerin Inge immer ansagt. Entweder Pause oder aktiv, finden wir!

Hübsch auch die Straßenbahnstation *Lange Gasse: Kurzstreckengrenze,* oder die jüngst aufgeschnappte Aussage: „Ich bin *eingefleischte Vegetarierin*" – ein Widerspruch, stilistisch charmant. Unorthodox indes das in einer Illustrierten entdeckte Rezept für *vegetarisches Chili con carne* – wie kann es vegetarisch und zugleich mit Fleisch sein? Es gibt Speisekarten, die bereits auf *Chili sin carne* ausweichen. Warum nicht?

Absurd mutet auch das *vorläufige Endergebnis* an, von dem im Fernsehen häufig die Rede ist: Solange es kein endgültiges Resultat gibt, ist es einfach ein *vorläufiges Ergebnis* oder ein *Zwischenergebnis.* Das vorläufige Endergebnis erinnert mich unweigerlich an unsere alte Kinderfrau, die seinerzeit einen Beschwerdebrief an den damaligen Bürgermeister Zilk schrieb. Sie unterzeichnete: „Mit vorläufiger Hochachtung, Ihre XY". Zilk rief umgehend an, um sich die endgültige Hochachtung zu sichern.

Minus mal minus ergibt plus, wie man weiß. Mathematisch gesehen oder nach Boolescher Logik lässt sich wohl auch folgender Dialog im „Morgenjournal" verstehen. Frage des ORF-Reporters an Herrn Gorbach zur Bundespräsidentenwahl: „Weist das nicht auf fehlendes Selbstbewusstsein Ihrer Partei hin, wenn Sie keinen eigenen Kandidaten aufstellen?" Antwort: „Nein, dieses *fehlende* Selbstbewusstsein *gibt es jetzt nicht mehr.*" Wie es um das Sprachbewusstsein bestellt ist, ist eine andere Frage.

„Ich würde die Wahrheit sagen, wenn ich ehrlich bin" – dieser hübsche Satz war unlängst im Gespräch zwischen Halbwüchsigen zu erlauschen. Ähnlich ist's, wenn einer erzählt, bei *Graffiti Schmiere* gestanden zu sein.

„Das Ozon*loch verflüchtigt sich* wieder." Im Prinzip eine erfreuliche Nachricht – aber wie kann sich ein Loch verflüchtigen, auflösen? Das muss man sich erst einmal bildlich vorstellen! Andererseits: Auch geistige Blackouts, von meiner amerikanischen Nachbarin *senior moments* genannt, verflüchtigen sich immer wieder – zum Glück! Wie sonst sollte man es formulieren? Dass sich die Leere wieder füllt?

Bleiben wir in den USA: „Streiche oder Süßigkeiten!" So lautete in einer synchronisierten US-Serie die deutsche Übersetzung für die Halloween-Parole: „Trick or treat!" Dies rufen die Kinder, wenn sie von Tür zu Tür ziehen und um Naschereien (treat) bitten beziehungsweise mit Streichen (trick) drohen.

Wer mit dem amerikanischen Brauch nicht vertraut ist, wird freilich mit „Streiche oder Süßigkeiten" wenig anzufangen wissen. Viel besser gefällt mir da die Formulierung: „Süßes, sonst gibt's Saures!" Das versteht jeder, und die Antithese ist nebst der vom Englischen übernommenen Alliteration ein hübsches Stilmittel.

Tschüss die Hand!

Grüße aus der Sprachwelt

Sag zum Abschied leise Servus. Das war einmal. In Österreich greift heute wie eine ansteckende Krankheit der in Deutschland übliche Gruß *Tschüss* um sich. Manchmal auch *Tschüssi* oder gar *Tschühü*, mit einem stummen oder höchstens hingehauchten H.

„Umgangssprachlich", erklärt der Duden lapidar. Wobei man in Deutschland – anders als in Österreich – durchaus auch Leute mit *Tschüss* verabschiedet, mit denen man per Sie ist.

Im Österreichischen Wörterbuch kann man nachlesen, dass *Tschüss* ursprünglich aus Norddeutschland kommt. Es soll sich aus dem bis in die 1940er Jahre üblichen *Atschüs* entwickelt und zunehmend auch auf den hoch- und oberdeutschen Sprachraum übergegriffen haben. Wobei es sich um ein Lehnwort aus dem Romanischen handelt: *Adieu*, von *ad deum*, zu Gott.

Also alles halb so wild. Onkel Otto hätte sich über den seiner Meinung nach gar zu lässigen Gruß also gar nicht so echauffieren müssen. Aber so sind die älteren Österreicher nun einmal. Sie haben eine Abneigung gegen alles, was respektlos oder im entferntesten piefkinesisch klingt.

Vielleicht gelingt es ja umgekehrt, den zahlreichen in Österreich studierenden Studenten das eine oder andere *Servus*, *Pfiati* oder *Baba* schmackhaft zu machen?

Und von wegen respektlos: „Dass meine kleine Enkelin mich nicht mit *Servus* grüßt, sondern sich mit einem munteren *Tschüss* verabschiedet, tut weh! Aber sie hat's wohl aus dem Fernsehen", klagt eine Leserin.

Hier muss ich schmunzeln: Zu meiner Zeit hatte sich die Großmutter just über unser *Servus* beklagt, auch wenn wir mit gespielter Unterwürfigkeit konterten, dass dies „Ich bin dein Diener" heißt. So ändern sich die Zeiten – und die Großmütter!

„Ich putz' jetzt den Fisch", pflegt indes die junge Kollegin zu sagen, wenn sie die Redaktion verlässt. Diese Wendung für *weggehen* soll angeblich echt wienerisch sein, behauptet sie – obwohl (oder gerade weil?) sie Vorarlbergerin ist. Wienern selbst ist das Fischputzen zumeist nicht geläufig. Aber eh man sich's versieht, hat sich der geputzte Fisch schon in den Sprachschatz eingeschlichen.

Und wie sieht's mit der Begrüßung aus? Aber hallo! Weit verbreitet ist es heute, *Hallo* zu rufen. Auf der ersten Silbe betont, tönt es uns von allen Seiten entgegen. Wildfremde grüßen mit *Hállo!,* was so mancher sich verbittet – und den Grüßern verbietet. Guten Tag, Grüß Gott. So einfach ist das. Und das *Hallooooo* bleibt dem Telefonieren vorbehalten.

Auch mit Glückwünschen ist es so eine Sache: Eine Zeitung wünschte auch heuer wieder „Ihren Lesern" „Frohe Weihnachten und ein glückliches neues Jahr", anstatt sich an *ihre* (klein geschrieben!) Leser zu wenden. In einem anderen Blatt war unterdessen zu lesen: „Jedes Jahr muss zu den heiligen Zeiten alles so sein, wie es immer schon war. So wie der Christbaum mit drei dagestanden ist, muss er auch mit 30 noch dastehen."

Was ist das für ein Wunder-Christbaum, der unbeschadet die Jahrzehnte überdauert? Gemeint war natürlich das Alter der Kinder, die auf der liebgewordenen Tradition beharren.

Zu Silvester wünschen dann wieder alle einen *guten Rutsch*. Bei vielen Sprachliebhabern stößt diese Formulierung auf wenig Gegenliebe. Klingt so negativ nach ausrutschen, hinfallen. *Hals- und Beinbruch*!

Allerdings hat der *Rutsch* etymologisch nichts mit *rutschen* zu tun, sondern kommt vom rotwelsch-jiddischen *rosch*, das *Kopf, Anfang* bedeutet, *Segen*.

Seltsam mutet es aber auf jeden Fall an, wenn die Kassierin im Drogeriemarkt einem Kunden nach dem anderen einen *guten Rutsch im neuen Jahr* wünscht. Dieser Wunsch muss im Prinzip auch nach dem 1. Jänner weiter gelten, da er sprachlich ja nicht das glatte Hinübergleiten ins neue Jahr bezeichnet, wie man es üblicherweise meint.

Auch der *Hals- und Beinbruch*, den man den anderen an den Hals (und an das Bein) wünscht, leitet sich übrigens nicht von *brechen* ab, sondern von *broche*. Was man natürlich wissen muss, um sprachlich nicht darüber zu stolpern. Was sollen jene tun, denen Onkel Otto nicht als wandelndes Lexikon zur Verfügung steht?

„Schönes Neues Jahr noch", lautete der Text einer SMS, die zu Silvester zirka fünf Sekunden nach Mitternacht auf dem Mobiltelefon eintrudelte. Für Sekt und Walzer ist ja heute kaum noch Zeit, weil zur Jahreswende jeder verzweifelt sein Glück im völlig überlasteten Netz versucht. Der Glückwunsch „Schönes Neues Jahr *noch*" mutet jedenfalls sonderbar an, wenn selbiges erst vor wenigen Sekunden begonnen hat.

„Guten Putsch", schreibt mein freches Handy. Es ist wieder einmal schneller als ich. Bedächtig tippe ich meine SMS, und das Wortfindungsprogramm macht Vorschläge. Die erste Wahl für den Neujahrswunsch „Guten Rutsch": „Guten Putsch". Ein Glück, dass ich's noch entdeckt und korrigiert habe.

Selber schuld, wenn man sich dazu hinreißen lässt, per Handy Glückwünsche zu versenden – statt handgeschriebener, persönlicher Billets! Aber es geht nun einmal so schnell und ist so praktisch ...

Oder soll man den Vorschlag einfach annehmen und den Mitmenschen wünschen, dass ihnen im neuen Jahr ein Putsch gelingen möge? Dass sie an die Spitze gelangen, die bestehende Ordnung über den Haufen werfen sollen? Jawohl!

Schließlich war auch der per Handy versandte Weihnachtswunsch nicht von der feinen englischen Art gewesen. „Frohe Weihnachten", will man schreiben, und das Handy hebt an: „Droge ..." Droge Weihnachten? Dröge war man ja häufig während der Feiertage, auch träge. Aber ob man gleich Drogen nehmen musste? Sie den Feiernden schon im Vorfeld an den Hals wünschen?

Was nach Neujahr folgt, ist die gern zitierte *Zeit zwischen den Jahren*. Jene Tage zwischen Weihnachten und Dreikönig, angefüllt mit Katzenjammer und guten Vorsätzen. Wir wissen, was gemeint ist.

Aber *zwischen* den Jahren? Sie existiert in Wirklichkeit nicht, diese Zeit. Die Pummerin läutet, der Sektkorken knallt, der Zeiger rückt vor. Schön wär's, wenn uns zwischen altem und neuem Jahr kostbare Stunden geschenkt würden! Aber da es nicht so ist, kann man sich auch die Redewendung schenken.

Ähnliches gilt für Bürogrüße: Wenn ich mir den Wunsch beziehungsweise Bürogruß aussuchen dürfte, der mir am wenigsten gefällt, dann wäre es *Frohes Schaffen!*. Den lieben langen Tag muss man sich das anhören. Nichts als Workaholics. Dann schon besser das altbewährte *Mahlzeit!* ab elf Uhr vormittags oder von mir aus *Pack ma's!*.

Oft aber ist weniger mehr, auch in der Sprache. Nichts dagegen also, wenn das Gegenüber sich auf die Zunge beißt und einfach auf den frisch-fröhlich pseudo-motivierenden Spruch verzichtet. Zumal man in Großraumbüros den ganzen Tag mit Grüßen verbringen könnte ... Und wehe, es wünscht mir heuer wieder jemand zu Ostern einen *Frohen Hasen*! Dann mach' ich aus demselben einen falschen ...

E-Mail for you

Die Etikette elektronischer Post

Wie hat sich die schriftliche Kommunikation doch verändert! Wer wahrt schon heute noch die Form – und wenn, dann welche? Die Regeln haben sich gelockert, und das ist gut so. Hauptsache, es wird eifrig kommuniziert! Wo sind die Zeiten, als Onkel Otto hinter SMS noch misstrauisch *Sadomasospiele* vermutete ...

SMS steht für „Short Message System", was im Prinzip unlogisch ist, da man ja nicht jedes Mal ein Kurznachrichten*system* verschickt. Somit müsste es eigentlich SM heißen, aber SMS hat sich im Sprachgebrauch bereits so sehr eingebürgert, dass daran wohl nichts zu ändern ist. Zumal SMS auch so melodisch und palindromisch klingt. In beide Richtungen lesbar. Wie Otto, der Onkel.

Der rege Austausch von SMS und E-Mails hat die Sprache verändert. Telegrammstil macht sich breit. Daran kann auch die endgültige – unseres Erachtens bedauerliche – Abschaffung des Telegramms in Österreich nichts ändern.

Der Kreativität sind keine Grenzen gesetzt. Und der Empfänger ist oft gefordert: *„brgds"*, schreibt da etwa jemand – was so viel heißen soll wie *best regards*. *1fach* steht für *einfach* (einfach!), *3bon* für *très bon* etc. Dem BiB gehe es gut, werde ich von einer Freundin informiert – gemeint ist das „Baby im Bauch".

Verkürzungen erweisen sich als praktisch, weil man sich viel Schreibarbeit erspart. Etwa *cu* für *see you*, *2b or nt 2b* statt *to be or not to be*. SMS-Sprache eben, ganz ökonomisch. Aus Effizienzgründen auch in E-Mails gebräuchlich.

Vorausgesetzt, dass man handysch oder elektronisch Shakespeare zitiert.

In Neuseeland und in der Schweiz beispielsweise ist die SMS-Sprache sogar schon an den Schulen erlaubt. Die Schulbehörde entschied, etwa das Hamlet-Zitat in der SMS-Version (siehe oben) bei Schularbeiten durchgehen zu lassen. Abkürzungen sollen akzeptiert werden, „wenn das nötige Verständnis eindeutig demonstriert ist". 1deutig!

Anders in Österreich. Hier wird die Verwendung von SMS-Sprache weiter als Fehler gewertet. Erst wenn ein Ausdruck in Wörterbüchern wie dem Duden oder dem Österreichischen Wörterbuch (ÖWB) verzeichnet ist, dürfen ihn die Schüler ungestraft verwenden.

Kurz, kürzer, am kürzesten. Als Anrede: „e!" Früher hätte man sich die Mühe gemacht, „Liebe Eva" zu schreiben. Überhaupt ist doch die schriftliche Schnell-Kommunikation der (fern-)mündlichen eindeutig vorzuziehen. Der Empfänger/die Empfängerin wird prompt erreicht, kann jedoch antworten, wann er/sie will. Viel Freiheit, wenig Mühe. Bei der elektronischen Kommunikation geht es vor allem darum, mit der Sprache ökonomisch umzugehen und dadurch Zeit zu sparen.

„Sogleich internettete ich zurück", schrieb jüngst ein Gastkommentator und bezog sich sichtlich auf seinen E-Mail-Postverkehr via Internet. Sind sie nicht nett, diese modernen Wortschöpfungen, geradezu internett? Hübsch ist es auch, wenn eine Frau – ganz up to date – der „Presse" klagt: „Ich werde gerasterfahndet und lauschangegriffen." Wenn die Leute so kreativ sind, gefällt's uns. Da scheint sprachlicher Purismus fehl am Platz. Ehrlich.

E-Mail-Etikette hat etwas Faszinierendes. Sie ist ja erst in den letzten Jahren entstanden und entwickelt sich ständig weiter. Daher ist vieles möglich, und zugleich lässt sich

– wie bei Briefen aus der Handschrift – aus den Vorlieben von E-Mail-Verfassern einiges über deren Persönlichkeit herauslesen. So wird beispielsweise die durchgehende Kleinschreibung, die sich der Vereinfachung halber eingebürgert hat und als gesellschaftsfähig gilt, dennoch von manchen beharrlich abgelehnt. „Haben diese Menschen einfach mehr Stil?", frage ich mich immer.

Die Kleinschreibung ist zwar praktischer, aber oft nicht leicht durchzuhalten, wenn es dienstlich oder sehr formell wird. Vor allem erscheint es ungewohnt und verwirrend, die Anrede *Sie* klein zu schreiben, zumal dem Schreiber im guten alten Brief ja auch das *Du* einen feierlichen Anfangsgroßbuchstaben wert war.

Man möchte meinen: Im E-Mail – und im SMS erst recht – ist erlaubt, was gefällt. Übrigens auch so ein Spruch, den Onkel Otto hasste. Desgleichen „Nützt's nix, schadt's nix". Was soll das heißen? Das konnte ihn so richtig auf die Palme bringen. Heute würde er sich wohl im Grab umdrehen, wie man so pietätlos sagt.

Während wir Jahre nach seinem Tod immer noch jeden Ausdruck drehen und wenden; auf seine Tauglichkeit prüfen, bevor wir ihn gebrauchen. Wie hat uns Onkel Otto bloß mit seiner Sprachgenauigkeit immer gepiesackt! Und wehe, man schrieb ihm eine Karte ohne Datum oder einen Brief, der nicht formvollendet adressiert war. Schickte gar ein offizielles Schreiben ohne korrekten Briefkopf auf den Weg. Er hätte mit E-Mails und SMS sicher seine Probleme gehabt …

Eine letzte Anmerkung noch: Wir Österreicher haben uns angewöhnt, *das* E-Mail zu sagen. Was uns *der* Duden zum Glück auch erlaubt. Aber die Deutschen – der Vollständigkeit halber sei es erwähnt – betrachten *die* E-Mail als weiblich. Womit ich persönlich – quasi als Namensvetterin E-M@le – kein Problem habe.

Lieber Weihnachtsmann, bitte bringen Sie mir ...

Du oder Sie – das ist die Frage

Erstaunlich mutet es einen Österreicher an, dass deutsche Kinder den Weihnachtsmann mit „Sie" titulieren. Bei uns wäre es doch unvorstellbar, dass ein Brief an das Christkind begänne: „Liebes Christkind, bitte bringen Sie mir ..." Im Berliner Stadtmagazin „tip" sind indes Kinderbriefe abgedruckt, die tatsächlich so lauten: „Lieber Weihnachtsmann, dieses Jahr wünsche ich mir von Ihnen ..."

(Wenn indes einfach eine direkte Rede schriftlich wiedergegeben wird, schreibt man *du* klein. Aber gerade hier entscheiden sich die meisten für die Großschreibung – wohl, weil sie das für eleganter halten.)

Man kann es natürlich auch machen wie mein kleiner Neffe, der konsequent selbst im E-Mail nicht nur das »Du«, sondern auch das »Ich« groß schreibt. Wieso soll ich weniger wichtig sein als du, scheint er sich zu denken. Eigentlich auch irgendwie logisch.

Problematisch punkto Groß- und Kleinschreibung wird es in „normalen" Texten, also Nicht-E-Mails, oft mit Ihren/ihren. Man nehme etwa die Transparent-Aufschrift beim Uni-Streik: „StudentInnen geben Ihr letztes Buch". Das wäre ja noch schöner, wenn die meine/unsere Bücher verschenkten!

Vergleiche auch: „Immer mehr Menschen setzen sich mit Ihren Problemen auseinander." Diese Annonce für www.gesundesleben.at macht mir Angst. Was gehen meine Probleme die anderen an?

Als unhöflich empfinden es viele Menschen, wenn sie von Fremden in der Mehrzahl mit *ihr* angesprochen werden. Vom Ober etwa, wenn dieser fragt: „Habt's ihr noch einen Wunsch?" Die feine englische Art ist das zwar nicht, aber der Kellner will wohl nur eine gewisse Distanz sprachlich überbrücken und jovial erscheinen. Gerade älteren Menschen erscheint dies jedoch nicht angebracht.

Andererseits: Wie soll man zum Beispiel Ehepaare titulieren, wenn man mit einem Teil per du, mit dem anderen per Sie ist? Weil wir gerade bei „du, Sie, ihr" sind: In Kindergärten, Kindermessen und Ähnlichem ist es heutzutage üblich, die lieben Kleinen in der Gruppe nicht wie früher mit *ihr*, sondern mit *du* anzusprechen, damit sich jedes Kind individuell betreut fühlt. Auch in Yoga-Kursen pflegt man dem Phänomen zu begegnen. Kein Witz. Ob wir das psychologisch einfühlsam oder übertrieben finden sollen, müssen wir noch überlegen.

Kasse dich furz

Der moderne Telegrammstil und andere
Schweinereien

„Bitte hinterlassen Sie eine kurze, detaillierte Nachricht", knatterte mir unlängst ein Anrufbeantworter entgegen. Na ja, leichter gesagt als getan. Entweder kurz – oder detailliert, fand ich. Aber wenn man sich der Herausforderung stellt, geht es dann doch. Die Leute haben es ja früher auch geschafft, etwa in Telegrammen, sich kurz zu fassen und trotzdem alle wichtigen Informationen zu übermitteln.

Wenn jedes überflüssige Wort extra kostete – wäre das nicht ein idealer Schutz vor unnötigem Gequassel anderer? Und eine gute Übung für einen selbst? Man kann ja zum Beispiel auch beim Versenden von SMS trainieren, minimalistisch zu schreiben – je weniger Buchstaben, desto weniger anstrengend für die flinken Finger. Oder wenn man online Artikel aus Zeitungen verschickt und für den Begleittext nur 200 Anschläge zur Verfügung hat. Da heißt es manchmal ganz schön tüfteln.

Auch andere rufen die Devise aus: „Kasse dich furz!" Dieser Aufruf steht auf einem Betonpoller auf dem Karlsplatz in Wien. Handgeschrieben, von einem kreativen Geist. Ganz in unserem Sinne. Der Schreiber hat geschüttelt – und wir sind gerührt.

„Kasse dich furz" stammt übrigens aus dem Buch „Der Fönig" von Walter Moers. Dieses lässt sich an wie ein Kinderbuch, aber Vorsicht: nicht jugendfrei! Sprachspiele und andere Schweinereien.

Bei aller Verkürzungstendenz sieht man die Dinge heute aber doch nicht ganz so locker: Da wurde jüngst in einem Film eine Jobsuchende abgewiesen, weil sie auf ihrem Bewerbungskuvert „Straße" nicht ausgeschrieben, sondern „Str." abgekürzt hatte.

„Wenn Sie sogar dazu zu faul sind ...", hieß es. War wohl eher im Spaß gemeint, aber Vorsicht ist dennoch geboten. Auch Bewerbungs-Schimmelbriefe aus dem Computer, mit einem alten Datum ausgedruckt, machen nicht gerade den besten Eindruck.

Anders ist es bei Urlaubspost. Laut einer amerikanischen Studie machen Ansichtskarten den Empfänger auch dann glücklich, wenn die Botschaft nur wenige Zeilen lang ist. Da private Post vor allem dazu da ist, um Beziehungen in der Familie und unter Freunden zu pflegen, erfüllen wenige Zeilen den Zweck genauso gut wie seitenlange Briefe. Heißt es.

Sich kurz zu fassen ist aber in jedem Fall oberstes Gebot beim Versenden von SMS. Mit welchem Verb bezeichnet man diese Tätigkeit eigentlich? *Simsen*, wie uns der jüngste Duden aufklärt. Will man uns da ein I für ein U vormachen? Wir sprachen bisher immer von *sumsen*. In Reminiszenz an die Aufschrift auf dem einstigen Jugend-T-Shirt: „Sumsen ist buper" – haha, witzig. Sozusagen ein immanenter Schüttelreim, à la „Kasse dich furz". *Sumsen* für das Versenden von SMS – da summt das Handy geradezu lautmalerisch mit. Oder wie wär's überhaupt ohne Selbstlaut? *Smsen*.

Telefonieren ist nicht immer einfach. Da wählt man eine Nummer, und auf dem Display heißt es: *Bündel besetzt*. Welches Bündel? Es hilft nichts. Ein bisschen Geduld – und später nochmal probieren. Ein andermal landet man bei einer *portierten* Rufnummer. Heiliger Bimbam! Das hätte sich Alexander Graham Bell, der Erfinder des Telefons, wohl nicht träumen lassen. Da hat einfach jemand seinen Handybetreiber gewechselt und lässt die eingehenden Anrufe umleiten.

Dann gibt es jene Schlaumeier, die auf ihren Visitkarten und Briefköpfen – vermeintlich international? – *Phone und Phax* angeben. Wo sich das Fax doch von „fac simile" herleitet – wörtlich: „Mach es ähnlich". Am F ist also nicht zu rütteln.

Auffällig ist auch der Briefkopf der „Deutschen Burschenschaft", die uns neuerdings mit Post beehrt: Sie nennt die Nummer des „Fernsprechers" und jene der „Fernlichtpause". Da denkt unsereins freilich eher ans zeitweilige Abblenden bei nächtlichen Autofahrten.

Abrobo wie get es dir? Hast du fiel Abeit?

Wenn der Fehlerteufel zuschlägt. Recht- und Schlechtschreibung in der Praxis

„Abrobo wie get es dir? Hast du fiel Abeit?", schreibt meine Nichte. Nicht per E-Mail, sondern in einem handgeschriebenen Brief. Neue Rechtschreibung? Mitnichten (und Neffen auch). Mütter im Verwandten- und Bekanntenkreis klären mich auf, dass man in diesem Alter (vierte Klasse Volksschule) noch nicht rechtschreiben kann. Das sei auch in unserer Kindheit so gewesen. Zur Zeit der alten Rechtschreibung und der altmodischen Pädagogik ...

Ohnehin will ich nicht klagen, sondern finde die Schreibweise durchaus putzig. Ähnlich drolligen Kinderaussprüchen. Außerdem: Wenn Kinder heute noch richtige Briefe schreiben, muss man mehr als dankbar sein! Den Sinn versteht man ohnehin problemlos.

Denn dazu ist bloß notwendig, dass der erste und der letzte Buchstabe eines Wortes auf dem richtigen Fleck sind. Alles andere ist Luxus. (Ein angenehmer freilich!) Sollen wir es beweisen? Lesen Sie los:

Aoccdrnig to a rscheearch at Cmabrigde Uinervtisy, it deosn't mttaer in waht oredr the ltteers in a wrod are, the olny iprmoatnt tihng is taht the frist and lsat ltteer be at the rghit pclae. The rset can be a total mses and you can sitll raed it wouthit porbelm. Tihs is bcuseae the huamn mind deos not raed ervey lteter by istlef, but the wrod as a wlohe. Amzanig huh?

So, jetzt haben wir Sie wohl ein bisschen verwirrt – aber

verstanden haben Sie ihn, den Text, der im Internet kursierte, nicht wahr?

Kaum ein Text ist fehlerfrei, und man sollte wohl nicht allzu streng sein. Nobody is perfect. Wie schwer es uns jedoch rein sprachlich fällt, einen Fehler einfach zuzugeben und auf die eigene Kappe zu nehmen! Bestenfalls spricht man noch von einem Tipp- oder einem Flüchtigkeitsfehler – die Finger waren also schuld oder der Stress, äußerste Extremitäten und äußere Umstände. Fehler „passieren", aber man „macht" sie lieber nicht aktiv, jedenfalls in grammatikalischer Hinsicht.

„Entschuldigen Sie bitte, in unsere letzte Aussendung hat sich ein kleiner Fehler eingeschlichen." Tja, so ist es mit Fehlern. Sie scheinen überall zu lauern und auf günstige Gelegenheiten für den „Angriff" zu warten. Psychologisch interessant an den üblichen Entschuldigungs- und Korrekturformeln ist – siehe oben –, dass die Fehler als Täter hingestellt werden, während die wahren „Übeltäter", nämlich die Texter, gern im Hintergrund bleiben. Der Fehler „schleicht sich ein", er „unterläuft" – Letzteres immerhin einer Person. Wenn nicht gar der sogenannte „Fehlerteufel" zuschlägt.

Dafür ein paar nette Beispiele: etwa der *1. Grazer Nacktwürstelstand*. Ein aktiver Fehlerteufel alias Spaßvogel hat hier – zum großen Amüsement der Passanten – aus dem H ein K gemacht. Der *Feinkotladen* ums Eck dürfte das S indes wohl eher zufällig verloren haben.

„Alle Spiridosen um 2 Euro!" Mit dieser Aufschrift wollte im achten Wiener Bezirk ein Schild auf dem Gehsteig die Passanten in ein neues Lokal locken. Wer durch die Lange Gasse schlenderte, wurde freilich kurz stutzig: *Spiridosen*? Werden die Getränke etwa in Dosen serviert – oder hat man hier bloß die übliche Rechtschreibung von *Spirituo-*

sen recycled? Wäre jedenfalls schade, wenn die geistigen Getränke ihren Spirit(us) verlören.

Auf einen schmalen Grad der „Ordografie" begab sich auch der Texter eines Kochrezepts: „Den Fisch auf jeder Seite in Rückgradnähe quer einschneiden." Da wurde das *Rückgrat* sprachlich doch etwas verkrümmt!

Und dann die „guten" alten das(s)-Fehler: „Das Comeback von Roy, *dass* in seinem Haus in Las Vegas gedreht wurde ..." – „Ein Ziel, *dass* ihn im teilweise sehr anstrengenden Reha-Alltag motiviert." Gleich zwei dass-Fehler in einem Absatz (in der „Bunten"). Diese scheinen schwer auszumerzen zu sein. Im Gegenteil: Seit man *dass* nicht mehr mit scharfem ß schreibt, scheint die Versuchung, dem *das* ein zweites s zu verpassen, sogar noch größer geworden zu sein.

Die „neue", bereits mehrmals reformierte Rechtschreibung hat es uns aber in gewisser Weise leichter gemacht. Die allgemeine Verwirrung und Verunsicherung ist so groß, dass häufig niemand mehr weiß, was denn nun richtig und was falsch ist.

An vieles, was uns die Reform gebracht hat, kann man sich gewöhnen. *Aufwändig* mit Ä zu schreiben zum Beispiel, oder auch an die *Gämse* mit Umlaut. Ohnehin schreibt die Durchschnittsredakteurin, ja der Normalverbraucher überhaupt, höchst selten von Gemsen, Pardon, Gämsen. Bestenfalls auf einer Urlaubskarte.

Aber *Thunfisch* ohne H – das geht zu weit. Das bringe ich einfach nicht über die Tasten, weil es gar so blöd aussieht: *Tunfisch*. Mögen es andere tun – wir lassen's lieber. *Lassenfisch*!

Und dann erst die Getrenntschreibung (Getrennt Schreibung?): „Bist du wohl auf?", fragten mich nach dem 11. September 2001, den ich in den USA verbrachte, wiederholt Freunde per E-Mail. Jawohl, es ging mir zum Glück gut, und es wärmte das Herz, dass sich so viele nach meinem Wohl erkundigten. Die Schreibweise *wohl auf* bereitete mir indes Kopfzerbrechen. Wieso getrennt? Der Duden bestätigte meine Zweifel. Auch nach der neuen Rechtschreibung wird „wohlauf" zusammengeschrieben – wohlgemerkt.

Andererseits hatten die Freunde auch nicht ganz unrecht: Meist las ich ihre E-Mails ja in aller Herrgottsfrühe, wenn ich mich um fünf Uhr an den Computer setzte. Ich war also zu dieser Zeit wohl (oder übel) bereits auf.

Außerdem ist es ohnehin unlogisch. Zwar schreibt man *wohlauf* noch zusammen, ebenso *wohlfeil* und *wohlgemut*. Andererseits heißt es *wohl bedacht*, *wohl behütet* und *wohl gemeint*. Da kennt sich wohl keiner mehr aus!

Laut neuer Rechtschreibung wird heutzutage vieles, was einst zusammengehört hat, brutal getrennt. Vereinfachung? Kaum! Die Auseinanderschreibung (Auseinander schreibung) führt oft in die Irre. Ein Beispiel aus den „Salzburger Nachrichten": „... man wolle es ‚den roten Marschierern, die vor lauter Schlacht am kalten Buffet den Hemdkragen nicht mehr *zu kriegen*', zeigen."

Der Leser stolpert über diesen Satz, nicht nur wegen der Wortstellung. *Zu kriegen* – das klingt nach einer Nennform, aber wie passt diese bloß ins Satzgefüge? Ach so – „zukriegen", ein zusammengesetztes Verb!

In diesem Fall ein auseinandergerissenes – wohl weil die beleibten Herrschaften den Kragen eben nicht zukriegen.

So weit, so schlecht. Aber nein, auch zwischen *so weit* und *soweit* besteht doch eindeutig ein Unterschied, *soweit* uns bekannt ist. *So weit* kommt es noch, dass man jegliche Nuancierung einfach abschafft.

Bei aller Liebe zur Zusammenschreibung von Wörtern muss man jedoch bedenken, dass sie in manchen Fällen das Lesen erschwert. So wurde etwa vor kurzem in einer Zeitung auf ein *Straßenbaumoratorium* hingewiesen. Wenn man das ungewohnte Wort schnell liest, kann man es als Straßenbaum-Oratorium missverstehen. Was für eine hübsche Vorstellung: eine lange Allee mit singenden Bäumen! Sägen haben wir ja schon singen hören, aber Bäume? Also doch lieber ein Straßenbau-Moratorium; gekoppelt, wie man in der Fachsprache sagt.

Denn es passiert immer wieder bei überlangen Wörtern, dass man sie im Geist falsch teilt. Haben Sie die *Osterweiterung* etwa nie falsch als Oster-Weiterung gelesen – statt Ost-Erweiterung? Oder der *Urinstinkt:* Da ergibt es sogar inhaltlich Sinn, wenn man sich vorsagt, dass Urin stinkt.

Ebenso im Fall des Badner Süßigkeitengeschäfts *Zuckerlecke.* Bis ins Erwachsenenalter las mein Bruder irrtümlich Zucker-Lecke statt Zuckerl-Ecke. Weniger überzeugend ist es indes, wenn man in optimistischer Weise über einen *Rechnungshofrohbericht* stolpert und dieser als Frohbericht im Ohr widerhallt. Meistens fallen solche Rohberichte ja alles andere als erfreulich aus.

Wir haben nicht nur eine neue Rechtschreibung, sondern seit einigen Jahren auch ein neues Jahrtausend. Dieses wird gern mit dem alten, lateinischen Wort bezeichnet: *Millennium.* Soll uns recht sein. Wir beharren aber auf der Schreibweise mit zwei N. Denn Millennium setzt sich aus *mille* (1000) und *anni* (Jahre) zusammen. Daran ändert auch die neue Rechtschreibung nichts. Anus ist etwas anderes. Und (mehrere) tausend davon sind nicht unbedingt ein Anlass zum Feiern …

Die „Gesellschaft für deutsche Sprache" machte jedoch darauf aufmerksam, dass „*Millenium* mit einem n die ursprüngliche Schreibweise ist. *Millenar* – kommt von der Ableitung *millenarius* (Tausend; *milleni* – je tausend, vergleiche auch Zentenar); das *Millennium* ist indes eine erst im Neulatein erfolgte Analogiebildung zu den klassisch-lateinischen Komposita *biennium, triennium, quinquennium* ... (Zeitraum von zwei, drei, fünf ... Jahren)".

In Amerika werden Verstöße gegen die Rechtschreibung mitunter sogar gerichtlich geahndet. Ein skurriler Vorfall ereignete sich in New Jersey: Ein Kunde klagte einen Tätowierer, weil dieser sich geirrt und statt „Everyone else does" (Jeder andere tut es) fehlerhaft „Everyone elese does" in die Haut geritzt hatte.

Büro's zu vermieten, Auto's zu gewinnen!

Der leidige Apostroph – und überflüssige Beistriche

Das Mozart-Requiem zu *hören* ist relativ einfach. Aber wie *schreibt* man es richtig? *Mozart's Requiem* – so war es auf einem Plakat angekündigt. Warum der Apostroph? Die Suche im Internet bringt weitere Schreibmöglichkeiten zu Tage: „Mozart Requiem"; „Mozart – Requiem"; „Mozart-Requiem"; „Mozart: Requiem"; „Mozart, Requiem". Variationen über ein Thema, an denen man sich delektieren kann – wobei Musikern und Musikfreunden das „Mozart-Requiem" am vertrautesten ist.

„Ein Fall für Eva Male's Sprachspaltereien", meinte ein Leser. Und lieferte damit – wohl unbeabsichtigt – einen ebensolchen: durch den überflüssigen Apostroph im zweiten Fall. Dieser ist bekanntlich nur im Englischen notwendig, findet aber auch im Deutschen – unnötigerweise – immer mehr Einzug, à la *Rosi's Würstelstand* oder *Inge's Frisiersalon*.

Detto: „Da werden *Papa's* Augen glänzen", wirbt die Drogeriemarktkette dm angesichts des bevorstehenden Vatertags. Vielleicht glänzen seine Augen ja deswegen, weil ihm der überflüssige Apostroph die Tränen in die Augen getrieben hat? Den brauchen wir im Deutschen beim Genitiv nun einmal nicht. Wird hier das Englische kopiert, oder halten es die Leute für schick?

Aber auch englische Ausdrücke selbst werden oft nicht korrekt „apostrophiert", etwa *to do's* und *dont's* (Dinge, die erledigt werden müssen, beziehungsweise Dinge, die man nicht tun sollte). Die erwähnten Unarten fallen natürlich in den Bereich *don'ts* (da das n't ein *not* abkürzt)!

Eine Leserin informiert nun über die skurrile Weiterentwicklung des S mit Apostroph in Pluralformen wie diesen: *Büro's zu vermieten* (gelesen in Ottakring auf einer Tafel vor einem frisch renovierten Gebäude) oder *als Preise gibt es Auto's zu gewinnen.* Man fragt sich, was sich die Schöpfer solch krauser Schreibweisen denken. Da kann nicht einmal die Parallele zur englischen Sprache als Entschuldigung herhalten!

Aber das ist noch lang nicht alles: *Fasching's - Krapfen à 50 Cent.* Diese Aufschrift fand eine Leserin auf einer Tafel bei einem Wiener Greißler, wobei die Krapfen noch dazu in die nächste Zeile gerutscht waren.

Der Apostroph ist ebenso verwunderlich wie die Teilung des Wortes. Ist denn der Fasching vom Krapfen wegzudenken, abzutrennen? Heute wohl schon, wo es gelegentlich auch im Sommer Vanillekipferln gibt.

Auch die Schreibweise *für's Frühstück* ist falsch: *fürs* schreibt man ohne Apostroph, weil das s ein *das* ersetzt. Nur wenn ein *es* ersetzt wird, gehört ein Apostroph gesetzt. *Ob's* uns gefällt oder nicht. Danke fürs Lesen!

„Wissen'S", sagte er … Er unterstrich beim Flirten seine wienerische Sprachfärbung besonders deutlich." So schreibt Hellmuth Karasek in seinem Roman „Das Magazin". Die Sprachfärbung hat sich *schriftlich* allerdings nicht richtig niedergeschlagen. Denn der Apostroph muss dort stehen, wo etwas ausgelassen wurde. *Ist's* nicht logisch? Das 's steht – siehe oben – für *es.* Aus *Wissen Sie* wird also *Wissen S'*? Vergleiche *Hean S'* etc.

Vor allem der gute alte *Rock 'n' Roll* wird nur allzu gern willkürlich apostrophiert. Da beim *and* erster und letzter Buchstabe fehlen, müssen die Apostrophe ebendort gesetzt werden. Nennen S' mich ruhig pingelig, wenn's Ihnen lästig ist, dass ich weg'n der Stricherln so ein Theater mache!

Auch bei Beistrichen sollten manche Leute dringend einen Abstrich machen. Zu viel ist zu viel. Etwa: „Für Washington ist Schnee ungefähr so schlimm, wie die Inauguration von George W. Bush." Bei einem Vergleich wie diesem ist der Beistrich so (über-)flüssig wie die Schneeschmelze. Es sei denn, es folgt ein kompletter Satz. Etwa: Der heurige Schnee ist genauso schlimm, wie es letztes Jahr der Regen war. (Schlimm sind die beiden Sätze freilich auch inhaltlich!) Und weiter heißt es: „Schnee hat eine ähnlich lähmende Wirkung auf die US-Bundeshauptstadt, wie die Angst vor einem Terrorangriff." Auch hier ist der Beistrich fehl am Platz. Er stört den Lesefluss.

Als „neue Krankheit BNS" bezeichnet Onkel Otto diese um sich greifende Mode, einen – vollkommen überflüssigen – Beistrich nach dem Subjekt zu setzen: „Der Unterausschuss des Rechnungshofes im Parlament, befasst sich heute mit ...", oder: „Der ehemalige Unteroffizier Heinz Werner Schimanko, will mit der Verpachtung des Kasinos ...", oder: „John Gibbs vom Forschungsinstitut der britischen Forstkommission, verweist jedenfalls darauf ..."

Als zweite grassierende Krankheit beklagt der strenge Onkel „BNA", also das Setzen von Beistrichen nach adverbialen Bestimmungen, etwa: „Am Tag nach ungeschütztem Sexualverkehr, können Frauen bei ihrem Arzt ..."

Oder nach Präpositionalgruppen: „Bei der Fahndung nach einem Frauenmörder, fand Kommissar R ..." – „Nach seinem steilen Aufstieg, wurde der junge Manager ..." Richtig: Die Beistriche sind falsch.

Dass sich mit Beistrichen einiges anrichten lässt (man vergleiche dazu das Buch von Lynne Truss: „Eats, Shoots & Leaves; The Zero Tolerance Approach to Punctuation"), zeigt auch folgende Formulierung: „Eine kleine Kamera auf einer Brille ist mit dem Sehnerv verbunden und ermöglicht es, Menschen mit geschädigter Netzhaut zu sehen." Auf wessen Nase sitzt diese Brille? Jedenfalls ermöglicht sie es wem auch immer, Menschen mit geschädigter Netzhaut (im Akkusativ) zu erspähen. Dabei sollte doch gerade diesen (im Dativ!) das Sehen ermöglicht werden. Weg mit dem Beistrich – und basta.

„Der Natur brauchst nix lernen!"

Wenn uns die Fälle davonschwimmen

„Elternwunsch" – so lautete der Übertitel eines Zeitungs-
artikels. Unwillkürlich denkt man an das Pendant *Kinder-
wunsch* – hegen den *Elternwunsch* in Analogie also Waisen?
Weit gefehlt, wie man uns im Folgenden aufklärt: „Stadt
Salzburg: Kindergarten bis 20 Uhr offen". Da wurde also
auf die Wünsche der Eltern reagiert. Ein hübsches Beispiel
für den Unterschied zwischen *Genitivus subiectivus und
obiectivus* (der Wunsch jemandes bzw. der Wunsch nach
etwas; vgl. die Liebe der Mutter bzw. die Liebe zur Mutter).

Zum Thema passend: „Für Kinder ist es wichtig,
wenigstens ein paar Jahre daheim zu sein." So stand es in
einem Kommentar zum Thema Familie. Natürlich, auch
Kinder bleiben meistens ein paar Jahre daheim, bevor sie
ins Leben (in den Kindergarten) geschubst werden.
Gemeint war hier jedoch: Für *Eltern* ist es wichtig, wenigstens ein paar Jahre daheim (und für ihre Kinder da) zu
sein. Wenn man die Eltern nicht explizit erwähnen will,
muss man den Satz also umdrehen: Es ist wichtig für die
Kinder, dass die Eltern …

Eine Molkerei in Knittelfeld bietet unterdessen „Steiri-
schen Bergkäse aus silofreier Bergbauernmilch" an. Schon
Bergbauernmilch erscheint bedenklich, wenn man überlegt,
dass andere Milchprodukte mit dem Vermerk „aus Kuh-
milch" oder „aus Schafmilch" versehen sind.

Mit dem Genitiv ist es so eine Sache. Vorsicht, TV-Dis-
kussion! Je gewählter die Menschen sich ausdrücken wol-

len, desto gefehlter wird's oft. Dies ist häufig in Fernseh-Diskussionen zu beobachten. Zum Beispiel: „Die Meinung des Herrn Wagners kann ich keineswegs teilen." Das S ist überflüssig, der zweite Fall bereits im abgewandelten Artikel *des* enthalten. Nur ohne denselben würde es heißen: Die Meinung Herrn Wagners kann ich nicht teilen, oder: Herrn Wagners Meinung ...

So ein S ist nur Goethe erlaubt. „Die Leiden des jungen Werthers" nannte er sein berühmtes Werk. Übrigens: „Es wird ein voller Erfolg; viele der Leser nehmen sich nach der Lektüre das Leben." Wahrlich eine hübsche Formulierung. Besteht der Erfolg etwa darin, dass sich viele der Leser das Leben nehmen? Der Strichpunkt allein trennt die beiden Aussagen schließlich nur mangelhaft.

Einige Wiener Parks werden derzeit umgestaltet. Große Plakate verkünden jeweils die „Renovierung des Soundso-Park". Da wiederum fehlt ein S! Beziehungsweise mehrere S – so viele, wie Parks renoviert werden.

„Nun muss sich XY dem Problemkind Wiener VP annehmen", schreibt ein Journalistenkollege. Was wieder einmal beweist, dass wir uns auch weiterhin des Problemkinds Sprache intensiv annehmen müssen! Im Genitiv!

„Vielem darf ich mir nicht bewusst sein" – mit diesen Worten wird ein in New York tätiger österreichischer Architekt in der Zeitschrift „Architektur aktuell" zitiert. *Bewusst* verlangt den Genitiv, was in diesem Fall freilich ein bisschen komisch klingt. So empfiehlt es sich wohl am ehesten, ein Hauptwort dazuzunehmen, etwa: „vieler Dinge".

Fehler wie dieser kommen immer wieder vor. Gegen sie scheint kein Kraut gewachsen. Genauso wenig wie gegen den Gebrauch von *ohne* mit dem Dativ: „Auch ohne einem fixen Großmieter sieht Krause in dem 70-Millionen-Investment kein Risiko." (Schreibt die „Presse", leider!) Das einzige Risiko, das Krause eingeht, ist ein grammatikalisches. Die Sprachpolizei könnte ihn ertappen.

„Ohne neuer Flächenwidmung gibt es keine öffentliche Nutzung mehr." Oder: „Aber da hatten alle Kritiker Karls die Rechnung ohne *der* konservativen Einstellung der Eidgenossen gemacht." Unsereinem rollen sich da die Zehennägel auf. Mühsam versucht man, es den eigenen Kindern einzuprägen (und diese kontern: „Hört doch auf mit eurem Sprachterror!"), aber bei den eigenen Kollegen scheint die Liebesmüh' vergeblich ...

„Denn ohne Brevet, dem ‚Tauch-Führerschein', bekommt man weder Ausrüstung noch Luftflasche."

Gern wird auch *einem* Ereignis gedacht. Ähnliches geschieht beim Verb harren, das ebenfalls den zweiten Fall verlangt (harren darf außerdem auch mit „auf" gebraucht werden).

So manche können sich nicht zwischen Genitiv und Dativ entscheiden: „Der zwergenhafte Bäcker harrte dem Aufgehen seines Teiges; die Zettelchen in der Westmauer dem Engel ...; die ausgetrockneten Zisternen den Regentropfen; die Sammelbüchsen dem Klingeln von Münzen", so die Übersetzung einer Passage aus Meir Shalevs „Esaus Kuss".

Unsereins harrt derweil des richtigen Gebrauchs des Genitivs. Denn dieser geht einerseits häufig ab; zugleich feiert er fröhliche Urständ: wider besseren Wissens (1), gemäß dieses Abkommens (2), entgegen früherer Vereinbarungen (3). Hier dürfen ruhig Akkusativ und Dativ zum Zug kommen.

„Eine schöne Unbekannte bittet Don Jaime, ihr einen beinahe unparierbaren Stoß zu lehren." Und schon nimmt die Handlung in dem spanischen Roman „Der Fechtmeister" ihren Lauf. Dem „Bücherpick" ist hier ein Fehler unterlaufen. Allerdings hoffentlich nicht un(re)parierbar.

Lehren verlangt den vierten Fall. „Sie ... zu lehren" müsste es also heißen. Vergleiche auch: „Dich werde ich Mores lehren!" Wer kennt diese erzieherische Drohung nicht?

Wem *lehren* mit Akkusativ für den Alltagsgebrauch zu hochtrabend erscheint, der kann auch auf *beibringen* mit Dativ ausweichen, etwa: Die Lehrerin bringt den Schülern lesen und schreiben bei. Nicht zulässig ist: Sie lernt ihnen lesen und schreiben. *Lernen* kann man nur selber. Leider. Weshalb auch folgender Werbeslogan für eines jener glücklichen Bioprodukte falsch ist: „Der Natur brauchst nix lernen." Auch inhaltlich fraglich. Auch der Soziologe irrt, wenn er behauptet: „Not lernt beten."

„Die lehren bereits den Kindern, wie echter Camembert, Original-Brie und andere Spezialitäten schmecken", schreibt ein Journalist. So ein Käse! Vielleicht könnte *ihn* (im vierten Fall) jemand Deutsch lehren.

„Die Kandidatin lehrt mit brillanter Rhetorik den Mitbewerbern das Fürchten." Oder bei Dürre: „Die Wasserkultur, die dem Volk den sparsamen Umgang mit dem Nass lehren soll ..." – „Putin wollte den tschetschenischen Terroristen das Fürchten lehren." Wenn es bloß wahr wäre! Dann gäbe es nämlich nur einen einzigen Terroristen (*den* nämlich), und diesen könnte man wohl in den Griff bekommen. Da es sich aber leider um Terroristen im Plural handelt, muss es „die Terroristen" heißen.

„Die schönsten Motoren verdienen einen Pilot." Diese Michelin-Werbung wiederum verdient eine Erwähnung. Was man verdient, steht immer im Akkusativ, und von Pilot heißt dieser *Piloten*. Dieser „falsche" vierte Fall erfreut sich im Übrigen großer Beliebtheit.

45

„Dem Genie schmerzt das Bein", hieß es im Sportteil einer Tageszeitung. Hier wäre freilich der Akkusativ *das Genie* angebracht gewesen. „Nicht in erster Linie Ignoranz, sondern die Sehnsucht nach gewählter Ausdrucksweise liegt solchen Fehlern zugrunde", meint Onkel Otto. Ob Ignoranz, ob Sehnsucht – am sprachlichen Ergebnis ändert es nichts.

Baiser-Krise in ganz Europa

Die richtige Aussprache ist gar nicht so einfach

Für diesen *Quortl* brauche sie von mir noch einen Zahn-schein, erklärte fordernd die Zahnarztassistentin. Wie bitte? Was bitte? Ach so, *Quartal.* Die beiden klaren A waren von der jungen Person, ehe man sich's versah (bes-ser wohl: verhörte), in vermeintlich cooles Englisch über-tragen worden.

Zwar ist der Patient bereits gewohnt, dass bei diesem Zahnarzt alles topmodern abläuft: Im Wartezimmer ver-treibt man sich die Zeit mit Internetsurfen, und während man im Behandlungsstuhl zuckt, zucken auf dem Moni-tor über dem Haupt (*overhead* würde wohl die Assistentin sagen) flotte Gestalten zu ebensolcher Musik. Aber der *Quortl* ist ein Novum. Nur – wie soll man beim Zahnarzt widersprechen?

Es gibt freilich eine ausgleichende Gerechtigkeit. So sprach ein älterer Herr jüngst das Wort *liveperformance* beharrlich so aus, dass es sich auf Wanze/Stanze reimte. Was nicht eines gewissen Charmes entbehrte.

„Wir bieten konkräte Idäen." Es ist unerklärlich, aber wahr: Viele Politiker sprechen das E gern als Ä aus. „Der Wäg noch oben war die Hauptüberlägung der Bevölke-rung. Das Wahlergäbnis ist unmissverständlich." Immer-hin: *unmissverständlich* enthält ein echtes Ä.

Häufig wird auch das O verändert – zu OU (schnell gesprochen, so eine Art Mischung zwischen Englisch und Burgenländisch): die Kommissioun, die Emissioun.

Das Ü ist dem I ja ausgesprochen verwandt. Ausgesprochen – im wörtlichen Sinne. Viele Menschen sprechen *wirklich* wie *würklich* aus oder *bitte, bitte* wie *bütte, bütte*. Auch den umgekehrten Fall gibt es, zumindest wenn Leute böhmakeln. *Brünn*, sprich: *Brinn*. So steht es sogar in einem alten Wörterbuch, ich schwör's.

Große Schwierigkeiten bereitet allenthalben auch das Wort *Diözese*. Politikern, Privatpersonen, sogar Kirchenmenschen. Sie sprechen es gern und beharrlich *Diezöse* aus. Fragt sich auch hier, ob man ein Auge, Pardon, ein Ohr zudrücken soll. Viele Leute jedenfalls bringt die falsche Aussprache auf die Palme. Wir haben eine Eselsbrücke für Sie parat: Man denke an *dieu*, frz. Gott, und ist dieser erst einmal formvollendet ausgesprochen (*diööö*), hängt sich die *zese* ganz leichtfüßig dran.

Schmerzlich empfinden manche auch die vom wortgewaltigen Nachbarn beeinflusste Verlagerung der Betonung von der letzten auf die erste Silbe, durch die der Rundfunk den Verlust der österreichischen Sprachidentität beschleunigt: Telefón wird zu Télefon, Halló zu Hállo, „und der gemütliche alte Chef muss dem aus dem Norden importierten Cheff weichen", so eine Leserin. Sie beklagt sich auch darüber, dass Fernsehsprecher und -moderatoren Klosettanlagen hartnäckig „To-iletten" nennen, mit einem deutlich betonten „i" – „was darauf schließen lässt, dass sie nicht Französisch können". Andererseits sagten sie aber doch auch nicht Trotto-ir, Lavo-ir oder Pisso-ir.

Ein Radioansager sprach unterdessen *BSE* so verschleifend aus, dass es glatt zu einer *Baiserkrise* kam. Um Himmels willen! Wenn in unserem Land das Baiser ausgegangen sein sollte, werden Windbäckereisüchtige verzweifeln, Schaum vorm Mund bekommen, wahnsinnig werden – womit sich der Kreis zu BSE schließt! Oder gibt es zwar Baiser, ist selbiges jedoch ungenießbar? Sind schon die ersten Baiser-Opfer zu beklagen?

„Wir sind alle ausgepowert." In einem Radio-Interview nach den EU-Wahlen sprach eine vom Wahlkampf sichtlich erschöpfte Frau *ausgepowert* genauso aus, wie man es schreibt – ähnlich wie Powidltascherln. Klingt lustig – und könnte als kleines Zugeständnis an unsere Muttersprache durchaus positiv gewertet werden.

Möglich, wenngleich wenig wahrscheinlich ist es auch, dass die Frau das tatsächlich existente Verb *auspowern* gemeint hat, das sich zwar schreibt wie englisch *power*, sich in Wirklichkeit jedoch vom französischen *pauvre* (arm) herleitet und „bis zur Verelendung ausbeuten" bedeutet. Auch ein Acker kann ausgepowert sein. Daneben findet sich noch das Adjektiv *power* – ärmlich, dürftig: Ausgepowert? Das kann mit *power* oder mit *pauvre* zu tun haben. Am Ergebnis ändert es wenig. Eine powere Gegend, ein poweres Mahl.

Apropos Aussprache: Ist Ihnen schon einmal aufgefallen, dass manche Leute ihre Sätze liebend gern mit *apropos* beginnen, auch wenn sie sich gar nicht auf etwas beziehen, was kurz zuvor zur Sprache kam? Etwa: „Apropos: Hast du schon gehört, dass die Schnucki geheiratet hat?" Auch wenn man vorher weder von der Schnucki noch vom Heiraten gesprochen hat.

Vom französischen *à propos*, „zum behandelten, vorgebrachten Gegenstand" – so erklärt der Duden die „eigentliche Bedeutung". Das Adverb sei seit dem 17. Jahrhundert bezeugt und bedeute nun auch *nebenbei bemerkt, übrigens*. Womit er den von mir aufs Korn genommenen Apropos-Fans eigentlich recht gibt. Apropos *eigentlich*: Dieses ist eigentlich meistens ein überflüssiges Füllwort.

Jeden zweiten Satz mit *apropos* zu beginnen ist so ähnlich, wie wenn Leute ihren Aussagen ständig ein „Ich muss dir ehrlich sagen" voranstellen. Manche amerikanische Politiker wiederum beginnen gern mit: „First of all let me say ..." So gewinnt man noch ein bisschen Zeit zum Nachdenken. Taktisch klug.

„Alle anderen Alternativen waren noch schlechter"

Da fällt uns die Wahl schwer!

Die Unterscheidung zwischen *derselbe* und *der gleiche* wird heute häufig als völlig überflüssig betrachtet. Wer indes gern differenziert, wird über folgenden Satz schmunzeln, der in einer Zeitung in einem Artikel über die Sendung „Aktenzeichen XY" stand: „Alle hatten einen Vater, der dieselbe Brille trug wie Eduard Zimmermann."

Wenn dem tatsächlich so gewesen wäre, hätten sich alle Väter der gemeinten Generation mit dem früheren Aktenzeichen-Moderator eine einzige Brille teilen müssen. Denn *dieselbe* meint *ein- und dieselbe.* Hier hätte man von der *gleichen* Brille sprechen müssen, einer Brille aus einer Serie von gleichgestalteten Brillen also. Umgekehrt gehören mehrere Personen nicht der *gleichen* Partei an, sondern *derselben,* da es sich ja nur um eine Partei handelt. Dass man *derselbe* zusammenschreibt, *der gleiche* jedoch auseinander, ist logisch: ein Wort für eine Sache, zwei Wörter für mehrere.

Ein anderes Beispiel, dass *dieselben* und *die gleichen* zwei Paar Schuh' sind: Meine Schwester hat die gleichen Hausschuhe wie ich, das heißt, sie sehen gleich aus; ich ziehe jeden Tag (ein und) dieselben Hausschuhe an. Ein schönes Beispiel bietet ein Plakat der WGKK: „Ein Generikum enthält *den gleichen* Wirkstoff und hat nachweislich *dieselbe* Wirkung wie Ihr bisheriges Präparat."

Wenn es um Abstraktes geht, ist es ein Grenzfall: Während eine Freundin und ich die Josefstädter Straße entlang bummelten, summten wir zufällig die gleiche Melodie vor uns hin. Oder war es gar ein und dieselbe? Da wir uns beide gleichermaßen für Sprache interessieren, nahm mir die Freundin quasi das Wort aus dem Mund, als sie zur Diskussion stellte: dieselbe oder die gleiche? Na ja, man kann es mit dem Sprachspalten wohl auch übertreiben. Kommt es in diesem Fall nicht aufs Gleiche hinaus?

„Alle anderen Alternativen waren noch schlechter." Wie gibt's denn so was? Eine Alternative ist schließlich per definitionem eine von insgesamt zwei Möglichkeiten, abgeleitet vom lateinischen *alter*, der andere von zweien. Es gibt schließlich auch nur ein Alter Ego, ein zweites Ich. Handelt es sich um „mehrere (falsche) Alternativen", sollte man daher von Möglichkeiten sprechen.

Allzu gern wird anstelle von „übrig" im Volksmund „über" gebraucht. „Wes das Herz voll ist, des geht der Mund (der Bildschirm, der Griffel und dergleichen) über." Mir ist im Übrigen auf dem Herd die nach großmütterlichem Rezept kreierte Kartoffelsuppe so sehr *übergegangen*, dass kaum etwas davon *übrigblieb*.

Somit bleibt mir wohl nichts anderes übrig, als den weiland schulischen Merksatz auf den „König von Thule" und dessen güldenen Becher in der „modern-pluralistisch" adaptierten Version in Erinnerung zu bringen: „Es ging ihm nichts darübrig, er leert ihn jeden Schmaus, die Augen gingen ihm übrig ..." Fürwahr ein arger Graus!

Ähnlich undifferenziert verhält es sich mit *nieder* und *niedrig*. *Nieder* gibt eine Bewegung nach unten an, *niedrig* hingegen den (unterdurchschnittlichen) Grad einer Höhe. Formallogisch ist es bekanntlich falsch, Eigenschaften wie niedrig/hoch, groß/klein, dick/dünn absolut zu setzen, weil sie nur relativ definierbar sind. Dementsprechend wurden sie in den klassischen Sprachen im Komparativ angegeben, zum Beispiel „Plinius der Jüngere" oder „Tuberculum maius" versus „Tuberculum minus" (Höcker am Oberschenkel). In den modernen Sprachen wird es mit der Logik nicht so genau genommen, und man stellte etwa den „Hohen Tauern" „Niedere" Vettern gegenüber.

Aber zurück zu *nieder* und *niedrig*: Gewiss ist es auch Ihnen, liebe Leser, schon aufgefallen, dass das Erstere zu Lasten des Letzteren markt- und medienbeherrschend geworden ist. Aber der weithin üblich gewordenen Hochrühmung von *niederen* Preisen (Zinsen et cetera) müssen durchaus nicht immer *niedere* Motive zugrunde liegen; es kann auch ein *niedriges* Sprachniveau sein.

Schwierig fällt manchen auch der Gebrauch von *je ... umso, je ... desto*. Ist doch klar, meinen Sie? Beobachten Sie einmal Ihre Umgebung: Umso ... umso, lautet die selbst bei Sprachgewaltigen äußerst beliebte Kombination. Zum Beispiel: „Umso öfter du Sport betreibst, umso süchtiger wirst du." Ganz zu schweigen von der seinerzeitigen TV-Werbung: „Je Englhofer, je lieber." Aber den Kreativen ist ja vieles erlaubt. Vielleicht handelt es sich um um ein Analogon zum althergebrachten Pflanzennamen „Jelängerjelieber" (Geißblatt).

Ein anderes Reizwort (genau genommen sind es drei): *ent oder weder*. Pseudowitzig statt *entweder oder*. Etwa: „Ihr könnt uns am Samstag oder am Sonntag besuchen. *Ent oder weder*." Sprachlich fällt die Wahl leicht: weder – noch. Unnötig auch, wenn Leute in jedem erdenklichen, noch so unpassenden Zusammenhang sagen: „Nicht immer, aber immer öfter." Das dürfte irgendwann einmal jemand erfunden haben, und die Leute wenden's affigautomatisch an. Mir kommt es jedenfalls immer öfter zu Ohren.

Wörter und Worte. Wörter bezeichnen Lebewesen, Dinge, Zustände und Ähnliches. Für die Charakterisierung von Komplizierterem, etwa Sachverhalten, sind indes mehrere gedanklich (und grammatikalisch) zusammenhängende Wörter, also Worte, erforderlich. So spricht man auch von den letzten Worten eines Menschen, es sei denn, er hat nur noch völlig Unzusammenhängendes gesprochen …

„Hausgemachte" Spezialitäten im Gasthaus „Zur" Tante Renate

Wie wir mit Anführungszeichen an der Nase herumgeführt werden

„*Händewaschen*" ist für Angestellte Pflicht. Diese Anweisung findet sich in einem amerikanischen Autobahn-Café zwischen Washington und New York auf einem Schild am Ausgang der Toiletten. Und wie so oft fragt man sich: Warum die Anführungszeichen? Händewaschen kann ja wohl nicht im übertragenen Sinn oder gar ironisch gemeint sein (übertragen könnte das Personal höchstens Bakterien). Wir erwarten schlicht und einfach gewaschene Hände vom Personal. Und nicht „gewaschene Hände". Etwas anderes ist es natürlich, wenn man von der italienischen Antikorruptionskampagne „Mani pulite" spricht oder vom Sartre-Buch „Les Mains sales" – Letztere schmutzig.

Auch auf dem Naschmarkt wollen wir nicht *„frisch" zubereitete Speisen* serviert bekommen, sondern frische, ohne Wenn und Aber oder Gänsefüßchen, wie wir die Anführungszeichen als Volksschüler zu nennen pflegten – ein Wort, das heute freilich kein Kind mehr versteht.

Und wenn ein Gasthaus auf der Lerchenfelder Straße *„hausgemachte" Spezialitäten* auf der Speisekarte anpreist, bin ich schon skeptisch. „Hausgemacht" unter Anführungszeichen dürfte wohl heißen: nach Oma Iglos altbewährtem Rezept.

Ein besonders schwieriges Rätsel gibt der Name eines Gasthauses auf dem Wilhelminenberg den Besuchern auf:

„Zur" Tante Renate ist es benannt und trägt die Anführungszeichen an gar seltsamer Stelle. Die Tante scheint also echt zu sein, aber was hat es mit dem *zur* auf sich? Schier unlösbar! Wir fordern daher, dass man die Anführungszeichen in „An-der-Nase-Herumführungs-Zeichen" umbenennt!

In einem Beipacktext zu einem homöopathischen Grippemittel wird ergänzend Bettruhe empfohlen, denn „so ,sparen' Sie Kräfte". Und wenn man abends einen feuchten Wickel anlegt, heißt es, kann man ihn „quasi ,*über Nacht*' wirken lassen". Leider habe ich eine echte Grippe und brauche Tipps ohne „homöopathische" Anführungszeichen. Ich will Kräfte sparen und über Nacht gesund werden. Nix quasi. Schluss. Basta.

Weitere Beispiele gefällig? Zwei Steirer und ein Salzburger hatten beim Lotto die „*sechs Richtigen*" angekreuzt. Oder: Das Kino zeigt „*Klassiker*". Warum bitte brauchen die sechs Richtigen und die Klassiker Anführungszeichen?

Seit einigen Jahren bietet die Post die sogenannte *Internet-Briefmarke* an. Die „digitale Freimachung" ist eine „neue, kundenfreundliche Technologie des Frankierens", bei der der Kunde alles von seinem PC aus erledigen kann. Und weiter heißt es im „kleinen Postbuch": „Bequem und einfach können Kunden der Post das System verwenden, ohne eine einzige Briefmarke ,*ablecken*' zu müssen." Jetzt fragt man sich natürlich: Wozu die Anführungszeichen bei *ablecken*? Ablecken ist ablecken, Schwamm drüber – genauso wie Hände waschen. Da gibt es keinen übertragenen Sinn.

Ich kann es mir nur so erklären, dass die Post das Zeitwort *ablecken* für anzüglich hält und es aus diesem Grund unter Anführungszeichen setzt.

Viele Leute haben auch die Gepflogenheit des Englischen übernommen, in Briefen nach der Anrede statt dem bei uns üblichen Rufzeichen einen Beistrich zu setzen und klein weiterzuschreiben. Manche Menschen, Onkel Otto beispielsweise, bringt dies auf die Palme. Aber wir finden, es soll nichts Ärgeres passieren. Durch das E-Mailen haben sich die Sitten, was Satzzeichen anbelangt, eben gelockert. Aber Hauptsache, man schreibt einander noch!

Nicht nur Onkel Otto, sondern schon Kurt Tucholsky hat sich am übermäßigen Gebrauch von Klammern, Gedankenstrichen und Anführungszeichen gestoßen. Diese sind oft überflüssig und stören nur beim Lesen.

Oder sogar beim Zuhören. Denn heutzutage werden die Gänsefüßchen nicht nur in die geschriebene Sprache – wo sie ja eigentlich hingehören – über die Maßen eingestreut. Selbst in mündlichen Gesprächen sind sie neuerdings stark in Mode. Ist es Ihnen nicht auch schon aufgefallen? Viele Leute lieben es, beim Sprechen mit Zeige- und Mittelfinger beider Hände Anführungszeichen in die Luft zu malen, um den einen oder anderen Ausdruck abzuschwächen, in den übertragenen Sinn zu heben oder sich zu distanzieren. Eine völlig unnötige Geste!

Frische Kochteiltomaten

Sprache als Lebensmittel-Punkt

Einkaufen und Essen-Gehen können durchaus unterhaltsam sein. Etwa im Vietnam-Supermarkt beim Wiener Brunnenmarkt: *Handl Masala* stand da etwa angeschrieben. Die genauere Erklärung: *Gewürzzubereitung für Geflügelgerichte. Packum Datum: mindestens haltbar bis: Ziege auf dem Sackel* (wohl: Siehe auf dem Sackerl).

Ebenfalls auf dem Brunnenmarkt wurden frische *Kochteiltomaten* feilgeboten. Da können sich jene Menschen freuen, die immer über den allzu großen Einfluss des Englischen klagen, hat doch der Obsthändler *Cocktail* kurzerhand mit *Kochteil* übersetzt. Perfekt wäre das Glück der Gegner von „unösterreichischen" Ausdrücken freilich erst gewesen, wenn der Händler außerdem aus den *Tomaten Paradeiser* gemacht hätte.

Oder darf's ein Kilogramm *Schpion* um nur Y Euro sein? Was ist gemeint? *Champignons!* Wie man diese im Deutschen aussprechen beziehungsweise betonen kann, das ist bekanntlich ein breites Spektrum.

Aber *Schpione* beim Essen? Die Schlacht am kalten Büffet gewinnt eine neue Dimension. Oder eher: kalter Krieg am (warmen) Büffet?

Ein *Coctel Martini Feige* um drei Euro, wie er ebenfalls am Wiener Brunnenmarkt angeschrieben stand, schmeckt sicher gut. Auch was die Schreibweise anbelangt, kann man ihn sich auf der Zunge zergehen lassen. Ebenso die am Naschmarkt erhältlichen *Schpageti-Kürbisse* und *Diskavery-Äpfel* und die *Granny Smith,* die zusätzlich als *Grüner*

Schmied angeschrieben sind. Umgekehrt bietet eine Bäckerei im 20. Bezirk die amerikanischen Ringerlkrapfen als *Donats* zum Kauf an.

Auch in den Übersetzungen von Speisekarten finden sich immer wieder Stilblüten. So bietet etwa ein Restaurant in der Provence in der deutschsprachigen Version der Speisenübersicht *Advokaten* und *Wildschweinklein* an.

Beflügelnd sind auch die *Flügel mit außergewöhnlichem Geschmack* auf einer Speisekarte im siebenten Wiener Bezirk und die ebendort angepriesenen Speisen namens *Kalte Kuss* und *Glückliches Bambusrohr*.

Oder die *deep fried peaces of chicken-breast* bei einem Wiener Stadtheurigen in der englischen Version der Speisekarte. Möge das geteilte Huhn in Frieden ruhen (piece: Stück, peace: Friede).

Besonders appetitanregend im Washingtoner Restaurant „Old Europe" das *Angemachte Lachs-Tatar* oder der *Krautsalad with masculum*. Letzteres ist in keinem Wörterbuch zu finden. Vor allem die anwesenden Männer erwarteten sich etwas Stärkendes. Serviert wurde dann eine spezielle Art von Blattsalat. Hasenfutter.

In der Steiermark wiederum servierte man uns *Breitbandnudeln*. Die einen dachten prompt ans Internet (Breitbandverbindungen), die anderen an Medikamente (Breitbandpräparate). Pasta wäre in diesem Zusammenhang – vor dem Blick auf die Speisekarte – niemandem in den Sinn gekommen. Aber bitte, wir sind lernfähig. Und ziehen Antipasti eindeutig Antibiotika vor ...

„*Marillenzufahrt* ab 14. Juli", verkündet ein – ebenfalls steirisches – Plakat. Aber auch wenn man sich hier länger auf die Lauer legt: Man wird beim besten Willen keine Marillen zufahren sehen. Vielmehr weist das Schild die Zufahrt zu einer Tankstelle, an der seit 14. Juli auch Marillen verkauft werden. Eine Breitbandtankstelle sozusagen. Bitte um Benzin, danke für Obst. Wir mussten indes mittlerweile unsere sieben Zwetschken packen und aus der Steiermark wieder abreisen.

Gen Italien. Dort prangt in einem Restaurant ein eigens graviertes Schild mit der Übersetzung von *no coperto*, die nach Ansicht der Besitzer folgendermaßen lautet: *Keini Bedeckung.* Ob sich viele daran halten?

Auf der Speisekarte wiederum werden *penne all'arrabbiata* angeboten und folgendermaßen ins Englische übersetzt: *Pasta pen to the angry.* Eine recht eigenwillige Formulierung für die „wütenden Nudeln". „Nudeln auf zornige/ leidenschaftliche Art", definiert das Internetlexikon Wikipedia. In Kombination mit *angry* denkt man da eher an spitze Federn und leidenschaftlichen Schreibstil als an würzige Pasta.

Tatsächlich gibt es zwischen *penne* und *pen* einen Zusammenhang: Die kurzen Röhrennudeln mit den schräg abgeschnittenen Enden heißen nämlich gerade deswegen *penne* – also: Federn –, weil ebendieser schräge Abschnitt an den ebenso schräg abgeschnittenen Gänsekiel zum Schreiben erinnert.

Gefühlte Teuerung und gefüllte Paprika

Sprache geht durch den Magen

Kaffee mit Geschmack wird im „Café Wien" am Flughafen auf der Speisekarte angeboten. Mir fällt ein Stein vom Herzen. Nichts wäre für die frühmorgens aus Amerika Angekommene schlimmer als ein dünnes, geschmackloses Getränk, wie sie es in Übersee so oft ertragen muss.

Leider hat man sich gerade von den USA inspirieren lassen: In Wirklichkeit ist nicht Kaffee gemeint, der nach etwas schmeckt, sondern ein *Verlängerter, verfeinert mit alkoholfreiem Sirup; wahlweise Amaretto, Caramel oder Haselnuss – flavored coffee* also, Kaffee mit verschiedenen Geschmacksrichtungen. Wobei *Caramel*, mit C und nur einem L geschrieben, besonders fein sein dürfte.

Mir persönlich kann er ja gestohlen bleiben, der *Kaffee mit Geschmack*. Kaffee soll nach Kaffee schmecken, aus, Schluss, basta. Auch *koffeinfrei* ist mir ein Gräuel, wobei das Wort im Sprachgebrauch langsam in Vergessenheit gerät und durch *decaf* ersetzt wird.

Orangensaft mit Geschmack sagte mein Taufkind übrigens seinerzeit zu Orangensaft mit Fruchtfleisch. Bleibt zu hoffen, dass der Kaffee mit Geschmack nicht allzu viel Satz aufweist ...

Andererseits wird dem Esser warm ums Herz, wenn er im „Café International" auf dem Wiener Brunnenmarkt *Gefühlte Melanzani mit Reis* verspeist. Die kann man sich sowohl zu Gemüte führen als auch auf der Zunge zergehen lassen.

Bei der Umstellung vom Schilling auf den Euro wurde untersucht, ob viele Dinge tatsächlich teurer wurden. Fazit: Oft war dies gar nicht der Fall, aber die Konsumenten empfanden es dennoch so. Angeblich eine *gefühlte Teuerung*. Auch das eine neue Formulierung für die Sprachspalterin, die bestenfalls *gefüllte Paprika* oder *eingebildete Kranke* kennt. Übrigens soll es, wie im Fernsehen zu erfahren war, auch *gefühltes Wissen* geben. Eine Art Intuition, die auf verinnerlichten Erfahrungswerten basiert.

Die Attribute oder Beifügungen, mit denen Substantive bisweilen daherkommen, muten seltsam an. Nicht nur im Zusammenhang mit Speisen. Eine originelle Idee hatte etwa jenes Brautpaar, das beim Hochzeitsfest billige Kameras auf den Tischen verteilte – mit dem Appell an Hobby-, Amateur- und sonstige Fotografen, Schnappschüsse zu produzieren. „Bitte die *ausgeschossene Kamera* beim Ausgang in die Schachtel werfen", hieß es auf einem beigelegten Zettel. Eine interessante Kombination. In Wirklichkeit schoss man ja bisher Filme aus, nicht Kameras.

Briefe gelten oft als *sensible Geheimdokumente*. Sensibel als Attribut für Geheimdokumente klingt zwar seltsam, ist aber im Sinn von heikel durchaus vertretbar. Weniger sinnvoll erscheinen uns *intelligente Produkte*, wie sie heute so gern angepriesen werden. Intelligent kann bestenfalls der Erfinder oder Erzeuger eines Produktes sein. Obwohl es natürlich angenehm wäre, etwa ein intelligentes Haarshampoo zu besitzen, das von allein in Aktion tritt. Aber welcher *gemischte Warenhändler* führt so etwas? Vielleicht ist ja die *möblierte Witwe*, bei der man sich einmietet, entsprechend gut gerüstet …

Zumindest kochen kann sie sicher. Vielleicht sogar die *durchgestrichene Froschsuppe* aus dem klassischen „Wiener

Kochbuch" von Louise Seleskowitz. Kochbücher sind ja – wie Speisekarten – ein verlässlicher Quell kreativer Wortschöpfungen. Neben der erwähnten Froschsuppe – sie wird wohl mit dem Kochlöffel, nicht mit dem Schreibstift durchgestrichen – serviert uns Seleskowitz zum Beispiel auch *„echte"* Schildkrötensuppe. Was auch immer die Anführungszeichen bedeuten mögen.

Da gibt es die feinsten Nuancen: *gedünstete, gestürzte, imitierte* Erdäpfel. *Verschleierte* und *gesetzte* Eier. *Ordinärer* Gugelhupf, *mittelfeiner, gebröckelter.* Selbst wie man ein „Buffet für *beiläufig* 150 Personen" (beiläufig!) zubereitet, wird so nebenbei erklärt.

Kochrezepte finden sich heutzutage natürlich auch im Internet. Auf einer türkischen Website hat die sichtlich automatische Übersetzung für höchst ausgefallene Speisen gesorgt: *Salate und Kälte* (gemeint sind wohl „Kalte Speisen") sind nur ein kleiner Vorgeschmack.

KunstiErwürgt Salat, Hühnchen und Gemüse stopften sich voll, Zertrampelte Quitte – da kann man nur *Guter Apetite* wünschen. Oder hätten Sie lieber *Gebratenes Fleisch des Schäfers?* Es mag freilich nicht ganz einfach sein, die Anweisungen genau zu befolgen: *„Dienen Sie ihm warm",* heißt es da etwa (dem Schäfer?). Oder: *„Teilen Sie sich in Hälfte."* Und wie wollen Sie einen ganzen *Fischteich mit Aubergine* auf den Tisch bringen?

Auch *Blutgeschwür freundlich für 5 Minuten* bereitet dem Koch/der Köchin Kopfzerbrechen. Mysteriös. Vielleicht hilft das *enträtselte (gesiebte) Schweiß-Gebäck?* Wohl kaum. *Sprühregen mit zerquetscht oder Boden-Wahnsinnige.* Zu Hilfe! Das Ingrediens *Wahnsinn* taucht in der englischen Version als *nuts* auf. In seiner zweiten Bedeutung neben *Nüsse.* Bloß, wie reibt, siebt oder zerquetscht man 200 Gramm Wahnsinn?

Unbekannt war uns bisher auch folgende einheimische Spezerei: der *Graupernigel*. Der Name – ein Rätsel. Vereinzelten Niederösterreicher(inne)n ist der Graupernigel ein Begriff, hochsprachlich nennt man ihn dem Vernehmen nach *Tunkeschnitte*. Aber bitte, wenn Sie mir mit einer Tunkeschnitte kommen, herrscht künftig Funk(e)stille!

Dann schon lieber Graupernigel. Selbst Google ist ratlos, obwohl man mit Hilfe der Suchmaschine im Internet sonst so gut wie alles findet. Aber Graupernigel? „Meinten Sie *Kupfernägel?*", fragt Google, „meinten Sie *Gruppenregeln?*" Neiiiin, Graupernigel!

Die wir, unter uns gesagt, leider bisher nur vom Hörensagen kennen. Da träumt man also von der ominösen Bäckerei weiter, die in reichlich Alkohol getunkt und in Kokosflocken gewälzt sein soll.

Zahlreiche Zuschriften flatterten in die Redaktion: Kommentare, Rezepte, sogar eine Kostprobe, quasi Postprobe. So erfuhr ich, dass die richtige Schreibweise *Kraupanigln* lautet; dass diese in Oberösterreich *Rauhnigln* heißen und in österreichischen Standardkochbüchern zu finden sind. Ignorantin ich! Wer sucht denn auch im Google nach Googlehupf & Co?

Der -nigel wiederum ist sprachlich mit dem *Pumpernickel* et cetera verwandt. Und *Graupe* wird in Grimms Wörterbuch als „etwas Wirres, Krauses, Buschiges" beschrieben. Vielleicht wegen der Kokosraspeln?

Onkel Otto erklärte, ihm sei der Graupernigl als Bezeichnung für einen „ungekämmten (grauperten) Menschen, in der Regel einen auch sonst etwas ungepflegten Buben" geläufig; dem *Bosnigl* verwandt. Wussten wir's doch, dass Graupernigl eigentlich ein Schimpfwort ist!

Wenn der Gastgeber Weinchâteau auf Tablett bringt ...

... und der Gast im Konfirmationslexikon nachschauen muss

„Fremdwörter sind Glückssache. Daher schaue ich sie immer im *Konfirmationslexikon* nach, das nach dem *Alpaka* geordnet ist." So soll sich der Schriftsteller Alfred Polgar zum Thema „Fremdwörter" geäußert haben.

Es ist immer wieder amüsant, wenn Leute Fremdwörter falsch einsetzen und etwa in vollem Ernst von einer *Syphilis-Arbeit* sprechen. Sisyphus dreht sich da wohl im Grab um.

„Das hat dem Buben unheimlich *ignoriert*", erzählt wiederum eine Oma im Brustton der Überzeugung. Irgendwie putzig, nicht?

Ebenso das *Weinchâteau*, das es jüngst zum Nachtisch gab. Beharrlich sprachen die Gastgeber von einem solchen. Tatsächlich fiel die süße Speise ein wenig in sich zusammen, wie es Luft*schlösser* gern tun. Das ändert jedoch nichts daran, dass das Weinchaudeau seinen Namen nicht vom französischen Schloss (*château*) und Wasser (*eau*) ableitet, sondern vom Adjektiv *chaud* (heiß). Ein Dessert, an dem man sich die Zunge – und sprachlich die Finger verbrennen kann, wie man sieht.

Die Leute bringen ja so allerhand aufs Servier-Tablett, auch sprachlich: „Sehr geehrter Herr Bundesminister, haben Sie auch Fragen bezüglich XY aufs *Tablett* gebracht?" War's bloß ein Irrtum, oder hat der Journalist auf der Pressekonferenz den peinlichen Lapsus aus Ahnungslosigkeit begangen? Das ist die Frage.

In Wirklichkeit war natürlich *aufs Tapet bringen* gemeint. *Tapet* leitet sich vom lateinischen *tapetum* ab – Teppich, Decke des Konferenztisches beziehungsweise Konferenztisch.

Im Alltag wird uns vieles aufgetischt. Aber nicht alles, was auf den Tisch kommt, können wir schlucken. Nehmen wir folgendes Beispiel: „Bin solo und neugierig auf anschmiegsame Begleitung – vorzugsweise aus Holland oder Bern."

Mit diesem Slogan warb eine Feinkostkette für Spargel. An sich sehr originell, aber die Sache hatte einen Haken. Die holländische Begleitung ist klar: Sauce hollandaise. Aber aus Bern?

Sauce béarnaise heißt sie und kommt aus dem Béarn, einer Gegend in den Pyrenäen. Knapp gefehlt, doch – geografisch – weit daneben. Bernoise müsste sie heißen, die Sauce, wenn sie tatsächlich aus Bern käme. Aber hat Bern kulinarische Schmankerln zu bieten – außer Berner Würsteln?

„Spargeln Sie mit!", fordert der Feinkostladen auf, und diesem Imperativ kann man nur voll zustimmen. Wer wird sich durch einen kleinen Schweizer Schönheitsfehler vom Spargeln abhalten lassen? Muss man wirklich alles auf die Waagschale legen? Nun, beim Spargel empfiehlt sich dies wohl, und je voller die Waagschale, umso besser! Lieber spargeln als sich zerspragln.

Mittlerweile ist uns das Wasser im Mund zusammengelaufen. Ungeduldige Wirtshausgäste mögen fragen (so geschehen in einem Film): „When will I become a Schnitzel?" Ich werd ein Laberl, wenn ich so etwas höre! Anstatt eines zu bekommen … Denn was auf Deutsch *bekommen* heißt, wird auf Englisch nicht mit *to become* ausgedrückt, sondern mit *to get*.

Wer übrigens in einem amerikanischen Restaurant eine Vorspeise vor der Vorspeise will, bekommt hier ein *pre-antipasto-dish*. Dafür heißt in den USA die Hauptspeise sinnigerweise *Entrée* (entrer: eintreten, beginnen). Und eine *Matinee* geht bei den Amerikanern am Nachmittag über die Bühne (matin: Morgen).

Also gut, nehmen wir als Entrée den *Pot EU Feu*. Da wollte sich das Lokal französisch-elegant geben und machte aus *au* eben *EU*. Die Europäische Union ist nun einmal geläufig.

Nicht sehr gelungen ist/sind auch: *Französischer Crepes* – so angepriesen am Kurfürstendamm in Berlin. Die *Crêpe* ist weiblich (der Krebs indes männlich), die Mehrzahl lautet *Crêpes*. *Französische* muss es somit heißen, ob Singular oder Plural. Kein gelungener Coup also am Ku'damm.

Nach dem Essen nehmen wir einen *After-Dinner-Aperitif*. Unlogisch, aber konsequent. Das lateinische *aperire* heißt ja *eröffnen*. Vielleicht hat es damit zu tun, dass man in Amerika gern ohne Ende isst ... Nur eine Nachspeise nach der Nachspeise wurde bisher noch auf keiner Speisekarte gesichtet. Wir wollen Nachsicht walten lassen, hoffen jedoch auf Komplettierung!

Und haben Sie schon einmal einen *Auflauf von acht Ministern* gekostet? Ein solcher wurde den Lesern von der österreichischen Tageszeitung „Standard" serviert. Im Prinzip korrekt, zugleich kulinarisch amüsant. Man stelle sich das vor – mit diesem Auflauf könnte man eine ganze Kompanie verköstigen. Ob sich davon der *Grenadiermarsch* herleitet?

In der Bar wird mit Sekt diskutiert

Dem Alkohol kann man auf viele Arten zusprechen

„Bei der Einladung wurden nur antialkoholische Getränke serviert", berichtet ein Gesellschaftsreporter. Onkel Otto, der sich bekanntlich gern, auch ungefragt, zu Sprachfragen äußert, verfasste folgende Replik:

„*Antialkoholische* Getränke ist an sich ein Unwort. Jedoch vielleicht ‚nur‘ in philologischer Hinsicht. Denn in der lebenden sprachlichen Darstellung kommen zur Logik auch noch das Emotionale und das Unterbewusste. In diesem Gespaltensein dominierte unwillkürlich die Antipathie gegen die wider die Gäste gerichteten antialkoholischen Tendenzen der Gastgeber so sehr, dass sie auf die Getränke übertragen wurden. Und so wandelten sich diese aus *analkoholischen* in *antialkoholische*. Ein weiteres Moment könnte darin bestehen, dass im Deutschen kein wertneutraler Terminus existiert. Denn *alkohollos* würde bedeuten, dass ein Getränk etwas Positives vermissen lässt, und *alkoholfrei*, dass es von etwas Negativem befreit wurde. Ähnlich heikel ist *nichtalkoholisch*. Das Unwort lässt nicht erkennen, ob das ‚nicht‘ ein ‚leider nicht‘ oder ein ‚Gott sei Dank nicht‘ ist. Man vergrämt daher sowohl die Alkoholophilen wie auch die Alkoholophoben. Die Kreation der ‚antialkoholischen Getränke‘ ist vielleicht doch gar keine so üble ...“

Aber nicht nur „alkoholfreie" Getränke können einem aufstoßen. Ein Leser sandte uns ein Flugblatt der Firma Hofer, auf dem ein „Holzrahmen-Set" angeboten wird, „7-teilig, aus *tropenfreiem* Holz". Das schlägt dem (Holz-)Fass den Boden aus. Wie, bitte, sieht Holz aus, das nicht „tropenfrei" ist? Auch über den nicht ganz exakten Ausdruck „Tropenholz" könnte man streiten, aber der hat sich nun einmal im Sprachgebrauch eingebürgert. Und was halten Sie von *silofreiem* Getreide?

Es wird ja so allerhand Absurdes geschrieben: „Sie schüttete ihm ihr Weinglas ins Gesicht." Ich erlaube mir indes, um eine Flasche Wein (nicht Weinflasche!) zu wetten, dass dies nicht möglich ist. Wein, Weib – auch ohne Gesang eine schwierige Kombination? Ein Weinglas lässt sich nicht schütten, ein Glas Wein eher. Eine Wasserflasche kann sogar leer sein, eine Flasche Wasser kann auch den größten Durst stillen.

Alkohol ist gefährlich, das Thema *Kampftrinken* (ein Unwort) in aller Munde. Man kann darauf nicht früh genug achten: „Schon ein einziges Glas Alkohol schadet dem Kind im Mutterleib", heißt es in einem medizinischen Artikel – als ob Embryos direkten Zugang zu Alkohol hätten.

Anders ist es bei Jugendlichen: „Eine große Gefahr der Alkopops sieht die AK darin, dass sich viele Jugendliche nicht über den wirklichen Alkoholkonsum bewusst sind, da sie so süß sind." Dies erfahren wir aus dem Arbeiterkammer-Magazin „AK für Sie".

Seit wann sind Jugendliche süß? Das muss jemand formuliert haben, der keine halbwüchsigen Kinder hat. Spaß beiseite: Das „sie" im letzten Nebensatz bezieht man beim ersten Lesen automatisch auf die Jugendlichen, weil diese als nächstgelegenes Bezugswort in Frage kommen – obwohl natürlich die Alkopops gemeint sind.

Auch bei folgender Formulierung stellt man zunächst den falschen Bezug her: „Im Foyer, in den Gängen, in der Bar des Theaters wird mit Sekt heftig diskutiert." Die Rede ist vom Burgtheater, das Zitat stammt aus dem Büchlein „Erklär mir Österreich" von Robert Menasse.

Wenn man sich die Szene im Burgtheater bildlich vorstellt, erhebt sich jedoch die Frage, worüber man mit Sekt diskutiert, noch dazu heftig.

Bestehen zwischen den Theaterbesuchern und dem prickelnden Getränk irgendwelche Differenzen? Oder handelt es sich bloß um Small Talk? Es soll ja genügend Leute geben, die dem Alkohol stark zusprechen. Eine Formulierung, die mit einem Mal viel klarer wird.

Der, die, das Joghurt

Das grammatikalische Geschlecht als Chamäleon

Blöd ist es, wenn einem Autofahrer *der* Benzin ausgeht. Auch in sprachlicher Hinsicht. Denn *das* Benzin ist sächlich. Eisern. Bleifrei.

Man solle bei den Geschlechtern nicht „päpstlicher als der Papst" sein, wendet ein Leser ein und spricht von „angewandter Toleranz". Fällt da auch *der* Marmelad', *das* Teller, *der* Schoklad und *die* Gas darunter?, frage ich. Wo genau zieht man die Grenze? Toleranz lasse ich mir zum Beispiel einreden beim Joghurt: der, die, das – alles ist möglich (auch wenn der Duden früher einmal nur *das* erlaubte).

Manchmal hat ein Wort mehrere Geschlechter, je nach Bedeutung. „Der 13. und 14. Gehalt bleiben tabu", lautete die Überschrift in einem Zeitungsartikel. Im Sinn von Monatslohn ist Gehalt allerdings sächlich: *das* Gehalt. Anders steht's etwa um den Fettgehalt eines Käses oder den Gehalt einer Rede. Oder den einer Sprachkolumne.

Eine Partei wollte laut dem „Kurier" ihren Kandidaten *aufs Schild* heben. In diesem – (wahl-)kämpferischen – Kontext handelt es sich freilich um einen männlichen Schild, eine Schutzwaffe. Auf *den* Schild heben. Auch die Wendung *im Schilde führen* leitet sich davon ab. *Das* Schild meint indes ein Straßenschild, ein Namensschild und Ähnliches. *Erkennungszeichen, Aushängeschild*, so der Duden.

Als störend empfinden wir auch *den* Virus, wenn er männlich daherkommt. „Ich hab' ein Virus und weiß nicht, wie ich den loskrieg'.‘“ Hier fiel sichtlich die Entscheidung schwer, welches Geschlecht das Virus hat! An sich ist es sächlich, aber der – wie immer großzügige – Duden lässt „außerhalb der Fachsprache“ auch *der* Virus zu.

Dafür sollte die Prüfung der Bezirksstraßennamen durch *den* Magistrat beantragt werden (nicht *das*). *Das* Match sagen wir, in der Schweiz heißt es *der. Das* oder *die* Coca-Cola, *der* oder *das* Dotter. *Der* oder *das* Service, wenn es um die Bedienung in einem Restaurant oder Kundenbetreuung geht; *das* Service (auf dem I betont), wenn vom Tafelgeschirr die Rede ist. Und der *Teufel* hat bekanntlich drei Geschlechter: Dass di der Teufel hol!

Man kann *die* oder *das* SMS sagen. Wobei man in Österreich zu *das* neigt. Desgleichen beim E-Mail: Für die Deutschen ist die elektronische Post klar weiblich, für die Österreicher eher sächlich. In Österreich ist auch *das* E-Mail gebräuchlich. Der Duden lässt mittlerweile beide Geschlechter zu, weiblich wie sächlich, letzteres „besonders süddeutsch und österreichisch“.

Apropos SMS: Das jüngste Handy in unserer Familie ist ein sogenanntes *Styleteil*. So jedenfalls wurde es von der Herstellerfirma beworben. Genau genommen *war* es ein Styleteil, weil es natürlich binnen kürzester Zeit verloren wurde. Offizielle Version der Tochter: gestohlen. Was klarerweise bei einem Styleteil viel eher passiert als bei einem altmodischen Modell, wie es die Eltern verwenden.

Weil wir gerade dabei sind: *Teil* kann männlich oder sächlich sein. Vorwiegend wird Teil als maskulines Substantiv gebraucht; dort aber, wo die Bedeutung „Teil von einem Ganzen“ zurücktritt, wird es zum Neutrum. Als Beispiel führt der Duden etwa an: „Jedes einzelne Teil (= Stück) wurde genau geprüft.“ Oder: „Du hast dein Teil getan, als du uns aufnahmst, das ist übergenug.“ (Brecht)

„In Zusammensetzungen wie Einzelteil, Oberteil, Seitenteil, Rückenteil ist das sächliche Geschlecht üblicher als das männliche, besonders wenn sie als Bezeichnungen von Einzelstücken aufgefasst werden." Auch gibt es Wendungen, wo beide Geschlechter gebräuchlich sind, etwa „sein(en) Teil dazu beitragen". Kann man also kaum etwas falsch machen.

„Hobby-Goldsucher fanden einen schweren Nugget", schrieb eine Zeitung. Ein Leser beklagt die „grammatikalisch illegitime Geschlechtsumwandlung". *Das* Nugget ist nämlich nicht männlich, sondern sächlich. Für alle, die das Wort bisher nicht kannten: Ein *Nugget* ist laut Lexikon ein „natürlicher Goldklumpen" (im Gegensatz zu den leichter erhältlichen „Chicken McNuggets", bei denen es sich um eher unnatürliche Hühnerklumpen handelt). *Der* oder *das* darf man indes bei Nugat sagen.

Bleiben wir gleich bei Nugat: Welchen Artikel hat Nutella? Diese „weltbewegende" Frage erregt regelmäßig die Gemüter. Auf der Nutella-Website fanden wir in der Rubrik FAQs (frequently asked questions) eine Antwort der Firma Ferrero.

„Konsumenten fragen – Nutella antwortet: Nutella ist ein im Markenregister eingetragenes Fantasiewort, das sich einer genauen femininen, maskulinen oder sachlichen (sic) Zuordnung entzieht. Benutzt man das Wort ‚Nutella' mit einem Zusatzbegriff, wie zum Beispiel ‚die Nutella-Nuss-Nugat-Creme, ‚das Nutella-Glas' bzw. ‚das Nutella-Brot' oder ‚der Nutella-Streicher', dann kann man das Fantasiewort Nutella durchaus mit einem bestimmten Artikel verwenden."

Danke Nutella, das war jetzt eine wirklich weiterführende Auskunft! Die Erklärung führt uns weiter, und zwar ganz banal zum Thema „zusammengesetzte Hauptwörter".

Diese haben, wie jedes Volksschulkind weiß, das Geschlecht des zweiten Hauptworts, also *der* Haus*wart*, *das* Schlüssel*loch*, *die* Boden*welle* ...

Logischerweise heißt es also die Nutella-Creme, das Nutella-Brot, der Nutella-Streicher. No na, Nutella! Auch ohne die großzügige Erlaubnis der Firma Ferrero dürften wir „das Fantasiewort mit einem bestimmten Artikel verwenden". (Unklar ist nur, warum bei der „Nutella Nuss-Nugat-Creme" Nutella nicht per Bindestrich an den Rest des Wortes gekoppelt ist.)

Und dürfen wir Nutella eigentlich auch mit einem unbestimmten Artikel verwenden? *Ein* Nutella-Fleck, *eine* Nutella-Schicht. Keine weiteren Fragen, geehrte/r/s Nutella!

Die Nutella müsse es heißen, schreibt mir ein Leser. „Das Produkt ‚Nutella' hat den Artikel ‚die', weil umgangssprachlich nicht ‚der' Brotaufstrich gemeint ist, sondern analog zu ‚die' Butter oder ‚die' Schokolade – ‚die' Nutella'."

Ich stimme dem weiblichen Artikel gefühlsmäßig zu, obwohl die Analogie mich nicht überzeugt und vom Erzeuger auch nicht beabsichtigt scheint – die Firma Ferrero bezeichnet Nutella, wie gesagt, als „eingetragenes Fantasiewort, das sich einer genauen femininen, maskulinen oder sachlichen Zuordnung entzieht". Unsachlich daher auch meine Begründung für *die* Nutella: Die Endung klingt nun einmal italienisch-lateinisch weiblich im Ohr.

Manchmal wird's auch französisch: Als Frankreich vor einigen Jahren bei der Fußball-WM Gastgeber und Sieger zugleich war, bedeutete das natürlich auch Festspiele für die französische Sprache (und deren Aussprache, die wir hier leider nicht wiedergeben können).

„Auf dem Champs-Elysées" wurde etwa ausgelassen gefeiert, obwohl die elysischen Felder in die Mehrzahl gehören.

Und ein Journalist schwärmt: „C'est beau un monde que joue" (Eine Welt, die spielt, ist schön). Richtig wäre *qui* statt *que* gewesen. Und frankophile Gemüter schmerzt wohl auch *die* pont und *der* place. Denn im Französischen ist's umgekehrt: Die Brücke ist männlich, der Platz weiblich.

Achtung, Pferde übersetzen die Straße

Bei Übersetzungen geht es häufig drunter und drüber

Dass mechanische Übersetzungen oft holpern, ist bekannt. Wobei *holpern* ein stark beschönigendes Verbum ist. Immer wieder sind richtige „Hunde" in den Texten begraben. Besonders bei Betriebsanleitungen wird dies von Benützern als höchst störend empfunden.

Nehmen wir etwa folgenden Text der Firma Blaupunkt, der wichtige Zusatzinformationen betreffend den Einbau des Autoradios MP35 enthält: „Bevor und hinter die Gesellschaft des Fassung Eisenwaren Ein, am Armaturenbrett, überprüfen falls die integrierte Quellen bist Sauferei zu drinnen über dieses hat hereinführen die Konterfei, mindestens 0,4 bewegt sich langsam vorwärts oder auch 10 millimetre."

Der technisch weniger versierte Konsument ist angesichts dieser Erklärung ratlos. Dem linguistisch Interessierten ist unklar, welche Sprache der deutschen (!) Firma, einer Tochter der Bosch-Gruppe, als Original diente. Die *integrierten Quellen* dürften jedenfalls auf die englischen *integrated springs* zurückgehen und werden im Italienischen zu *primavera*, Frühling.

Die *Sauferei* wiederum findet sich auch in der niederländischen (drinkgelag) und in der französischen Version (soûlerie). Dabei ist ein Trinkgelage im Auto bekanntlich nicht angebracht … Noch immer nicht angebracht ist leider auch das Radio, weil man die Bedienungsanleitung eben nicht versteht. „Der Pluspunkt im Auto" wirbt Blaupunkt. Von uns gibt's einen Minuspunkt!

Immer wieder stellt sich die Frage, warum Übersetzungen so häufig fehlerhaft sind. Ist es nicht im Rahmen der weltweiten Vernetzung erst recht wichtig, in mehreren Sprachen sattelfest zu sein? Oder zumindest fachkundige Leute zu Rate zu ziehen? Eine automatische Computer-Übersetzungsmaschine reicht nie aus, jedenfalls nicht ohne sorgfältige Kontrolle. Namen werden verstümmelt, Konstruktionen zerrissen, Satzzeichen fehlen.

Das kann dann beispielsweise so aussehen: „Es ist an der Zeit unsere Aufmerksamkeit mehr auf die Gesundheit und dem Wohlergehen der Menschen zu richten ... Es ist an der Zeit sicherzustellen das ärmere Länder eine reale Gelegenheit haben sich zu entwickeln ... Und es ist an der Zeit das wir entscheidende Maßnahmen zur Rettung unserer Ressourcen auf diesem Planten setzen."

Also schrieb das sogenannte österreichische Lebensministerium (Land-, Forstwirtschaft, Umwelt und Wasserwirtschaft) in einer Einladung zur Tagung „Energie – Klima – Entwicklung". Das Zitat stammt aus einer Rede des UNO-Generalsekretärs – freilich in mangelhafter Übersetzung. Wäre es nicht vor der Aussendung geboten gewesen, die Aufmerksamkeit auch auf die sprachliche Richtigkeit zu richten?

Die Ergebnisse, die automatische Übersetzungsprogramme hervorbringen, sind oft kabarettreif. Aus einem italienischen Hotel zum Beispiel: „Wichtiges Warning: In unseren Hotel-Struktur-Verschiedenen Fällen werden organisiert, die mit einbeziehen können hören von der Musik bis Stunden 03.00 des Morgens. Wir bilden Entschuldigungen selbst für das etwaig Unannehmlichkeit."

Auch auf der Website des Maycliffe-Hotels in Großbritannien findet man in der deutschsprachigen Version gar lustig formulierte Informationen, etwa eine „Preisliste", eingeteilt in „tagelich" und „wochenlich". Über „Unterkunft" gelangt man zur Sparte „Abendunterhaltung", die besonders unterhaltend ist, und das rund um die Uhr: „Ein Gatte mit Frau Duo" wird da etwa angekündigt, „alle Gaste zum Mitsingen". Besonders vielversprechend folgende Ankündigung: „Warten sie, bis sie die zwei Horen mit Ihren Banjo's."

Und in einem New Yorker Hotelzimmer wird erklärt: „Sieses Plakat erkar den Güsten die Sicherheitsvorscriften im Falle von Feuer." Da lesen wir lieber auf Englisch weiter – sonst müssen wir im Brandfall umso größere Angst haben.

Vor einem potenziell gefährlichen Gegenüber fürchtete sich seinerzeit auch Onkel Otto, als er in seinem Geburtsort Baden bei Wien eine linguistisch aufregende Hinweistafel entdeckte: „Achtung, Pferde übersetzen die Straße!" Übersetzen diese die Vokabel erst aus dem Niederösterreichischen ins Deutsche und dann auch noch in Fremdsprachen? Könnten sie somit auch beim Titel des Filmklassikers „La strada" ihre Hufe im Spiel gehabt haben? Mit solchen Fragen konnte sich Onkel Otto eingehend beschäftigen!

Wobei es nicht nur dolmetschende Pferde, sondern auch badende Burgen gibt: So muss der Besucher in der Londoner Tate Gallery schmunzeln. Dort wird ein Bild von E. L. Kirchner gezeigt, mit der englischen Bildunterschrift „Bathers at Moritzburg". Die deutsche Übersetzung lautet: *Badende Moritzburg*. Freilich nicht ganz passend zum Bild.

Aber lassen wir die Exkurse zu Wasser und zu Pferde! Werfen wir einen Blick ins Internet: Auch auf E-Bay, dem weltweiten Online-Marktplatz, geht es manchmal lustig zu. Einen Bekannten erreichte folgende Anfrage, die es verdient, in voller Länge zitiert zu werden: „Lieb XXX; Ich möchte Ihre Erlaubnis, im oben genannten zu bieten versteigere, und ich hoffe, daß Ihr Englisch besser als mein Deutsche ist. Wenn Sie mein Rückgespräch betrachten, gibt es einige abgeschlossene Verhandlungen mit anderen in Deutschland. Sind Sie bereit, in die *Vereinigten Staaten* zu versenden und nehmen *Vereinigten Staaten* Dollar an? Ich verstehe, daß das verschickende Kosten kostspieliger sein können. Wenn ich versteigerte verliere, werden Sie ruhiges Ende mit höheren Angeboten. Was auch immer Sie entscheiden, bitte erklären mir ja oder Nr. Danke für Ihre Betrachtung. Beste Wünsche, Howard"

Danke, Howard, aber dieser Handel ist uns zu unsicher! Andere Fehlübersetzungen sind zum Glück leichter verständlich: Am schweren Eingangstor einer Kirche in Italien heißt es zum Beispiel per Anschlag in mehreren Sprachen, man möge das Gotteshaus mit gebotenem Respekt betreten. Die Kirche sei schließlich ein *eiliger Ort*, wie da auf Deutsch geschrieben stand – als Service für deutschsprachige Italien-Touristen. Das H war in diesem Fall ein stummes. Verloren gegangen. Eilig statt heilig. Tatsächlich kann einem ja nach dem Besuch der x-ten italienischen Kirche eher eilig als heilig zumute sein – so schön sie auch sind.

Und am Bankomaten werden wir aufgefordert, unseren *Geheimkodex* einzugeben. Herzlichen Dank, so viel Zeit haben wir nicht. Das Gerät soll lieber – nach vierziffrigem Kurzbefehl – ausspucken, und zwar nicht zu knapp.

Zumindest auf Englisch als *lingua franca* sollte Verlass sein. Wenn also auf dem Flughafen Berlin-Tegel zur Entschuldigung der Umbauarbeiten angeschrieben steht: „We regret for any inconvenience caused you during this period", dann wird dies dem weltgewandten Europäer auch sprachlich nicht konvenieren.

Oder Englisch für Touristen in Österreich: In einem Salzburger Porzellan-Souvenirladen werden touristische Elefanten per Schild darauf hingewiesen: „You brake, you pay!" Wenn man etwas zerbreche, müsse man dafür bezahlen. Gemeint ist freilich „break". Bitte bei falschem Englisch auf die Bremse, brake, steigen!

Apropos „originell": Eine amerikanische Stewardess hielt die Fluggäste unlängst in der deutschen Version ihrer „Ansprache" dazu an, auf die *originellen* Sitzplätze zurückzukehren. Buntgemusterte Bezüge, originelle Motive, asymmetrisches Design? Keine Rede! Die ursprünglichen, angestammten Sitze waren gemeint. Grau in grau, unoriginell, eng. Und kaum ist man am Reiseziel angelangt, heißt es in der Hausordnung des Hotels: „Die Gäste werden förmlich gebeten, die Nachtruhe einzuhalten."

Nicht zuletzt lassen auch die Untertitel-Übersetzungen bei Opernaufführungen häufig zu wünschen übrig. Wenn der Text hier auch von der Musik auf den zweiten Platz gedrängt wird, so darf er doch nicht „aufs letztklassigste" verschandelt werden.

So geschehen vor einigen Jahren in den deutschsprachigen Monitortexten. Etwa jene zum „Falstaff" bei den Salzburger Festspielen. Da wurde reihenweise mit „Hau ab", „in die Fresse hauen", Uropas, Großmamamärchen und ähnlichen poetischen Sprachschöpfungen herumgeworfen.

Da wurde das Abdomen ins Spiel gebracht, dass sich einem die Haare sträuben, da wurde das (erhaben-royale britische) *Strumpfband* (the *garter*) zu einem *Sockenhalter* (wie aus einem amerikanischen Departmentstore) herabgeschändet.

Doch was am meisten mich entsetzt, das Allerschlimmste kommt zuletzt: Die herrliche (und musikalisch himmlische) Schlusssentenz (-fuge) „Tutto nel mondo è burla!" wurde zu „Das ganze Leben ist ein Witz!" Also bitte: Da hört sich aber wahrlich der Spaß auf.

Lass mich dein Probehase sein

Deutsch von Ausländern. Wenn aus der Not eine Tugend wird. Und wie man sich zu Koseworten inspirieren lässt

Deutsch von *Ausländern*. Auch als Muttersprachler kann man einiges lernen – oder zumindest erleben, wie „Fremde" unsere Sprache auf kreative Weise bereichern. So sagte etwa meine ungarische Studienkollegin Judit, als sie für mich ein Letscho gekocht hatte, Folgendes zu mir: „Eva, du bist meine *Probehase!*" Den ungarischen Akzent muss man sich dazudenken: Probähasäää! Das war so entzückend, dass ich nie wieder *Versuchskaninchen* sein will. Wie langweilig wäre das; Probehase will ich sein!

Ihre Landsfrau Zsuzsa wiederum erzählte, wie sie jemanden zum Lachen *geholt* habe. Ist das nicht eigentlich viel logischer, als jemanden zum Lachen zu *bringen?* Außerdem spricht Zsuzsa von ihrem *Bildschirm-Retter* – und holt uns Deutschsprachige damit erneut zum Lachen. Wie saftlos klingt doch dagegen der *Bildschirm-Schoner.*

In einem französischen Hotelzimmer wiederum war auf deutsch angeschlagen: „Die Direktion bittet die Gäste, ihr über das Verhalten des Personals und andere Nachteile zu berichten."

Das *nachteilige* Personal wird sich bedanken, während die Gäste – zumindest in dieser Hinsicht – etwas zu lachen haben.

Aber warum in die Ferne schweifen? Auch in heimischen Gefilden wird die deutsche Sprache auf spaßige Art und Weise gehandhabt. Man braucht etwa nur einen der beliebten Tretroller zu kaufen und die Verkäuferin zu fragen, wo selbiger hergestellt wurde. „Er wurde in Österreich *gezeugt*", erklärt sie stolz. Wie, bitte, zeugt man einen Roller?

Um Missverständnissen vorzubeugen: Wir wollen uns hier nicht über mangelhafte Sprachkenntnisse von Ausländern lustig machen. Im Gegenteil: Das Spiel mit der Sprache erfrischt, ob absichtlich oder unabsichtlich. Man denke etwa auch an den *Bananensprit,* der bei unserem Lieblingsasiaten auf der Speisekarte steht. Dem Wirt des Lokals ist offensichtlich bewusst, dass er das R für unsere Ohren wie ein L ausspricht. Also zieht er den Umkehrschluss, dass das gesprochene L in Bananensplit wohl geschrieben ein R sein muss. Angesichts der Diskussionen über Biosprit natürlich umso amüsanter. Ein gefundenes Fressen ist Bananensplit/-sprit sowieso!

Apropos Fressen: Wer jemanden zum Fressen gern hat, denkt sich häufig einen Spitznamen für die geliebte Person aus. Koseworte für den Partner haben aber meist etwas Läppisches – jedenfalls für den außenstehenden Beobachter. *Schatzi, Mausi, Hase* et cetera. Häufig ist die liebevolle Anrede ja tierisch animiert. (Auch in diesem Zusammenhang plädieren wir nachdrücklich für *Probehase*!)

Adolf Hitler hat seine Geliebte Eva Braun gern *Tschapperl* genannt. „Ein bayrischer Ausdruck für Dummerchen", erklärte in einer deutschen TV-Dokumentation der Sprecher, der sich zugleich mit der Aussprache schwer tat. Wir Wiener beanspruchen das Tschapperl freilich für uns. Laut Wehles Buch „Sprechen Sie Wienerisch?" leitet es sich vom tschechischen *capek* her, was *kleiner Storch* heißt. Das ist zwar recht putzig, aber man möchte sich als Frau dennoch dagegen verwahren, Tschapperl genannt zu werden. Etwas Dümmlich-Naives schwingt ja doch mit.

Dann schon lieber *Affenpinscher*. Allerdings fragt sich der zoologische Laie, wie dieses Tier eigentlich aussieht; ja, der so Angesprochene bezweifelt sogar, dass es überhaupt existiert.

Dann schlägt man – in völlig anderem Zusammenhang – das dicke Englisch-Wörterbuch auf, um die korrekte Übersetzung von *affidavit* nachzuschlagen – und was entdeckt man zufällig? Etwas oberhalb steht geschrieben: *affenpinscher*, zu deutsch „zo., Affenpinscher, m." Wie schade, dass diese Tastatur keine Lautschrift bietet. Es wäre so nett, einen Eindruck der englischen Aussprache des A-Pinschers zu vermitteln, der dort sichtlich noch ein liebevoll-lautmalerisches t eingeschoben bekommt: *Pintscher*.

Von ausländischen Freunden haben wir übrigens noch ein anderes nettes Kosewort gelernt: das *Knuffelbeest*. Es handelt sich um die holländische Bezeichnung für *Kuscheltier*. Wer würde das nicht bereitwillig in den eigenen Sprachschatz für den eigenen Schatz aufnehmen?

Oder man inspiriert sich im Kochbuch: Tiere werden dort sprachlich in ihre Einzelteile zerlegt, kulinarische Rätsel gelöst, die seltsamsten Gerichte vorgeschlagen. Von der Brustspitze bis zur Schwanzrolle, der Hohen Rippe bis zum Dicken Bug, von der Kugel zur Nuss.

Was wir unlängst beim Verschlingen eines Kochbuchs neu entdeckt haben, ist das *abgezogene Fettschwein*. Sofort war klar: Selbiges muss in den „Sprachspalatereien" „verbraten" werden! Aber dass das abgezogene Fettschwein innerfamiliär bald zum Kosewort verkommen würde?

Sprachlich höchst anregend für Paare ist auch das „Bilderbuch für Verliebte" von Kurt Tucholsky: „Weißt du, lieber reise ich mit einem Flohzirkus wie mit dir." – „Als, Claire, als mit dir." – „Ach Gott, konnste auch besser mir nicht zu bekorrigieren zu gebrauchs gehabs habs! Ich spreche dir das schiere Hochdeutsch!"

Ein Dialog zum Verlieben. Das heißt, die beiden Protagonisten, Claire und Wolfgang – Letzterer auch als Wolf, Wölfchen oder Wölfschen tituliert – sind natürlich längst verliebt und entfliehen der Stadt (Berlin) für ein romantisches Wochenende in Rheinsberg. So auch der Name der kleinen Prosa-Idylle, die Kurt Tucholsky 1912 über Nacht berühmt machte.

„Sie schwatzten fortwährend, die Claire am heftigsten. Ihr Deutsch war ein wenig aus der Art geschlagen. Sie hatte sich da eine Sprache zurechtgemacht, die im Prinzip an das Idiom erinnerte, in dem kleine Kinder ihre ersten lautlichen Verbindungen mit der Außenwelt herzustellen suchen; sie wirbelte die Worte so lange herum, bis sie halb unkenntlich geworden waren, ließ hier ein T aus, fügte da ein S ein, vertauschte alle Artikel, und man wusste nie, ob es ihr beliebte, sich über die Unzulänglichkeit einer Phrase oder über die anderen lustig zu machen."

Vom „schieren Hochdeutsch", siehe eingangs, also weit entfernt. Aber umso liebenswerter. „Glaubssu, dass es hier Bärens gibs?" Im Schlosspark von Rheinsberg wohl kaum. Aber man wird dem Wölfchen doch ein paar aufbinden dürfen? Oder doch lieber Probehasen?

Auf alle Fälle besser als einen *Problembären*! Sie erinnern sich an Bruno, der einst im Sommer an der Grenze von Österreich und Deutschland allzu leutselig herumtapste und dafür mit dem Leben bezahlen musste? Gott hab' ihn selig!

Allerorten wurde ihm nachhaltig nachgetrauert. Sprachlich entwickelte er sich unterdessen schnell zum *Präze-*

denzbären. Bald geisterten nicht mehr bloß Problembären durch die Agenturmeldungen, sondern etwa auch *Problemfans,* die die Fußball-WM unsicher machten. Die Möglichkeiten, mit „Problem-" zusammengesetzte Substantive zu bilden, sind mannigfach.

Der Bär war übrigens Italiener. Hieß also JJ *Uno,* nicht JJ *One.* Besonders putzig war es freilich, als in einer Fernsehreportage ein Tiroler von JJ *Oans* sprach.

Der Klammeraffe und sein Ratten-schwanz

Sprache kann tierisches Vergnügen bereiten

Das *Würstlding* nennt es meine Freundin – und wenn Sie nun nicht wissen, wovon die Rede ist, kann ich Ihnen das kaum verübeln. Sie meint den Klammeraffen, jenes Zeichen, das im Mittelpunkt jeder E-Mail-Adresse steht: @.

Woher die Bezeichnung *Klammeraffe* kommt, war uns zunächst unklar. Wurde sie eigens für das *Würstlding* geprägt? Oder handelt es sich um eine Affen-Spezies? Zoologen, bitte klärt uns auf! Man muss ja vielleicht gar nicht in den Tiergarten; auch im Duden ist der Klammeraffe anzutreffen – allerdings ohne jeden Kommentar.

Auf englisch ist es einfacher: *at* – das kommt ganz leicht über die Lippen, wenn man jemandem die E-Mail-Adresse diktiert. Umgekehrt wird auch in anderem Zusammenhang gern @ statt *at* geschrieben: Ich bin @ home ...

In den verschiedenen Sprachen gibt es unzählige Bezeichnungen für das @, das von Programmierern vor mehr als 20 Jahren als jene Taste am PC auserkoren wurde, mit der Textnachrichten gekennzeichnet werden sollten.

Der Franzose sagt *arobase*, was angeblich nichts bedeutet – außer eben @. Am meisten überzeugt die Wortwahl der Italiener: *chiocciola*, Schnecke.

Zusätzliches, tierisches Vergnügen bereiten: *sobatschka* (Hündchen), so heißt der Klammeraffe auf Russisch, *apestaartje* (Affenschwänzchen) auf Holländisch, *kattfot* (Katzenpfote) auf Schwedisch, *Xiao Lao-shu* (Mäuschen) auf

Chinesisch, *kukac* (Wurm) auf Ungarisch, *grisehale* (Sauschwanz) auf Norwegisch.

Wie ein Äffchen klammere ich mich weiterhin an dasselbe Thema. Aber es ist nun einmal so hübsch und außerdem, wie sich herausstellt, unerschöpflich. Eine Leserin, Jahrgang 1925, schreibt mir Folgendes: „In meiner Kindheit verstand man unter einem Klammeraffen jemanden, der hinter dem Motorradfahrer saß und sich an ihn anklammerte, um während der Fahrt nicht hinunterzufallen. Dieser Beifahrersitz hieß auch Pupperlhutschn."

Letztere Bezeichnung ist mir geläufig, aber der Beifahrer als Klammeraffe? Wie putzig! Passender könnte man es nicht ausdrücken.

Überlegt hatten wir auch, ob es sich beim Klammeraffen vielleicht um eine eigene Affenspezies handeln könnte. Tatsächlich: In Meyers Lexikon steht über den Klammeraffen, auch Spinnenaffe genannt, Folgendes: „Gattung aus der Familie der Breitnasen (Platyrhini), Tiere mit schmächtigem Leib, rundlichem Kopf, langen Gliedmaßen, ganz rudimentärem oder fehlendem Daumen (daher auch Stummelaffen) und sehr langem Schwanz; bewohnen Südamerika bis 25 Grad südlicher Breiten, leben fast nur auf Bäumen und verrenken ihre Glieder in wunderbarster Weise; sie bewegen sich schnell, durchstreifen in Banden von sechs bis zwölf Stück die Wälder, nähren sich von Blättern und Früchten, werden im August und September mit Jungen gesehen und ihres Pelzes und des bei manchen Indianerstämmen sehr beliebten Fleisches halber stark verfolgt. In der Gefangenschaft sieht man sie selten, doch zeigen sie sich sehr liebenswürdig und guter Behandlung zugänglich." Was sich so alles hinter einem simplen Computerzeichen verbirgt!

Aber nicht nur die Klammeraffen bereiten der Sprach-spalterin tierisches Vergnügen. „Als Falschmeldung ent-puppte sich die Auslegung von EU-Recht, wonach Schwal-ben angeblich Kühen nicht beim Melken zuschauen dürfen", berichtete der „Kurier". Sprachlich ist diese Mel-dung nicht ganz richtig. Ist es doch ein Unterschied, ob es sich beim Melken um eine Aktivität handelt oder ob die Kuh – passiv – gemolken wird. Ich für meinen Teil habe jedenfalls noch nie eine melkende Kuh beobachtet. Und als Stadtkind auch erst selten beim Melken von Kühen zugesehen …

Auch bei der UNO passieren sonderbare Dinge: „Schwarze Schafe trüben UN-Hilfe", titelte etwa die „Presse". Ein stilistisches „Highlight", über das sich so man-cher Leser freilich tief betrübt zeigte. „Nicht mehr amüsant, sondern schlicht dumm", klagte eine Dame und legte den Titel der „Neuen Zürcher Zeitung" zum nämlichen Inhalt bei: „Disziplinarverfahren im ‚Oil for Food'-Skandal".

Zugegeben, darunter kann man sich viel eher etwas vor-stellen – als unter UN-Holden, die im Trüben fischen und dann ihre schwarzen Schafe ins Trockene bringen.

Affen, Kühe, Schwalben, schwarze Schafe. Oder darf's Fisch sein? „Wenn man so beim Fische essen beispielsweise Felchen sitzt, kann man dessen nie vergessen, der hernach die Köpfe frisst." Dieser Sinnspruch von Hermann Hesse, der uns vom Katzen-Kalender aus ins Auge sticht, prägt sich ebenso ein, wie er Rätsel aufgibt. *Felchen*, das ist, wie das Lexikon verrät, ein „schlanker Lachsfisch mit silber-glänzendem Körper". Die Fischköpfe frisst sicher die Katze. Was aber bedeutet *Felchen sitzen*? Ach so, hier fehlen bloß die Beistriche: Fische essen, beispielsweise Felchen, …

Kein Schwein ruft mich an!

Rinderwahnsinn – einst und jetzt

„Rückruf von Rindfleisch" war jüngst eine Pressemeldung übertitelt. „Wie bitte?", fragt man sich und hat möglicherweise zunächst die falsche Assoziation. Wieso soll Rindfleisch zurückrufen? Kein Schwein ruft mich an – ja, diese Situation kennen wir aus dem gleichnamigen Schlager –, und genausowenig packt ein Rind das Telefon beim Hörer (bei den Hörnern?).

Ein tierisches Missverständnis, denn es war natürlich anders gemeint: „ConAgra Beef Co., eine Fleisch verarbeitende Abteilung des Agrarunternehmens ConAgra, kündigte durch das US Department of Agriculture weitere Rückrufe von Rindfleisch an", wurde im Folgenden erklärt. Das Rindfleisch wird – passiv – zurückbeordert. So also läuft der Hase – aber über die Formulierung kann er durchaus stolpern.

Fleischliche Missverständnisse kann es auch geben, wenn in österreichischen Restaurants neben *Schweins-, Rinds-* sowie *Kalbsschnitzeln* auch *Kinderschnitzel* angeboten werden – da verfällt man in Schnitzel-Schmunzeln, wenngleich die Bezeichnungen nicht falsch sind (Stichwort: Genitivus subiectivus beziehungsweise obiectivus: das Schnitzel *vom* Schwein, Rind, Kalb – aber das Schnitzel *fürs* Kind).

Ein absoluter Rinder- und Kinderwahnsinn, finden Sie nicht? Ersterer, fälschlicherweise oft auch „Rinderwahn" genannt, hat die Fleischfresser und natürlich auch den Lebensmittelhandel alarmiert, siehe oben. Die Supermarktkette Billa setzte in der Folge auf Kundeninformation und warb damit, dass „auf dem Etikett jeder Fleischtasse sich der Name und die Anschrift des österreichischen Bauern befindet, von welchem das Fleisch stammt". Das klingt freilich schon wieder verdächtig nach Kannibalismus ...

Dass es mit Rindfleisch nicht immer einfach ist, hat schon die Verfasserin des „Wiener Kochbuchs", Louise Seleskowitz, im Jahr 1879 erkannt. An ihrer grundlegenden Lebensweisheit hat sich bis heute nichts geändert: „Ein allgemeiner Wunsch wird es immer bleiben, gutes Rindfleisch zu Tisch zu bekommen." Nachsatz: „In manchem Haushalte zieht man es vor, nicht jeden Tag *gekochtes* Rindfleisch zu genießen, weshalb man es auf folgende Art bereiten kann ..." Auf welche Art, werde ich Ihnen natürlich nicht verraten. Dies ist schließlich kein Kochbuch.

Wie aber bereitet man *Beefsteaks mit Hindernissen*? Auch dafür gibt es bei Seleskowitz das entsprechende Rezept. Bei den Hindernissen, die man überwinden muss, um zum Fleisch vorzudringen, handelt es sich aber nicht um Rinderwahnsinn, sondern um „mixed pickles, Senf, Caviar, Schinken, Sardinen, rothe Rüben, Häuptelsalat, beliebige warme Gemüse und Spiegeleier".

Maria zu McDonald's ging

Kindliche Missverständnisse, phonetische Hoppalas

Unlängst auf der Alm. Wir wollten den Kindern ein Rehkitz zeigen. Reh-was? *Rehkids* verstanden sie – Kinder von Rehen eben. Dann stand ein Frühschoppen auf dem Programm. Wow! *Frühshoppen* – auf dem Berg? Na ja, es handelt sich halt um Stadtkinder, durch und durch.

Auch folgenden kreativen Kinderausspruch (nach dem Besuch des Films „Sindbad der Seefahrer") möchte ich Ihnen nicht vorenthalten: „Die Geheuer waren *ur nicht gruselig*." Da ist man froh, dass man nicht Deutschlehrerin, sondern nur Sprachspalterin ist und nichts ausbessern muss. Denn warum sollte solch logischer Wortschöpfung wie *Geheuer* mit dem Rotstift Einhalt geboten werden?

Im Universum der Kinder – das von Fragezeichen und dunklen Flecken geprägt ist – ist wohl die Vorweihnachtszeit die rätselhafteste. Was wird im Advent nicht alles gesungen und in der Kirche gesprochen, wo man endlos ausharren muss? „Maria zu McDonald's ging", vernimmt etwa die kleine Clara und singt den für sie so plausiblen Text lauthals mit.

Es ist ihr eines der typischen phonetischen Hoppalas passiert, an die sich jeder Erwachsene aus der eigenen Kindheit erinnert. Kein Wunder, dass Clara sich verhört hat, gehen doch Kinder eher zu McDonald's als durch einen Dornwald, wie er in dem Adventlied eigentlich besungen wird.

„Es ist ein Ross entsprungen", trällert Claras pferdebe-
geisterter Bruder.

Unklar ist auch, wer *Puderbär* ist, von dem oft vorgele-
sen wird.

Wer noch nicht lesen kann, muss hören und auf das
Gehörte vertrauen. Es gilt das gesprochene Wort. Je feier-
licher, desto schwieriger ist es anscheinend. Vor allem in
kirchlichem Zusammenhang wird der kindliche Wortschatz überfordert, der Alltagshorizont gesprengt. „Im
Namen des Vaters und des Sohnes und des Heiligen Ges-
tern abend", betet ein kleines Mädchen nach. „Lamm Gottes, gib uns deinen Frieden" interpretiert sie so: Lass uns
in Ruhe!

„Und vergib uns unsere Schuld, wie auch wir vergeben
unseren Schuldi-Germ." Germ, das dürfte etwas mit
Backen und Gugelhupf zu tun haben. Mit Weihnachtsduft,
Teig und dem Nudelwalter, den man braucht, bevor Kekse
ausgestochen werden können.

Doch zurück von der warmen Küche in die kalte Kirche. „... und beschütze unseren Papst X und unseren
Bischof Y" – im Stillen fragt sich das ahnungslose Kind:
Sind das Schifahrer? Da lässt sich schon eher etwas mit
„Gott" anfangen; der ist aus Kindergebeten und Wendungen wie „Oh Gott" oder „Um Gottes willen" geläufig. Weshalb die Kleine dann auch beim Spielen auf den Allmäch-
tigen zurückgreift: „Ach Gott, fertig, los!"

Mit Gottes Sohn ist es schon schwieriger: Er ist „einge-
boren". Gibt es auch zweigeboren und mehr? (So wie es
als Pendant zum Rechtsanwalt doch auch einen Linksan-
walt geben müsste ...)

Und die lateinischen Worte Credo und Deo, unverständ-
licher als alles andere, könnten als Werbespruch für ein
Deodorant missverstanden werden. „Gottes Sohn, Owi

lacht" heißt es dann kryptisch im Weihnachtslied „Stille Nacht". Wer, bitte, ist Owi?

Unbekannte gibt es viele, nicht nur zur Weihnachtszeit: Herr Zmansky zum Beispiel ist so einer, bei dem die Mutter in der Kindheit einzukaufen pflegte, den der Sprössling aber nie zu Gesicht bekam. Und obwohl er Christian heißt, sagte der Friseur immer zur Mutter: „Christian, Frau Meier!" (Oder war's „Küss die Hand", wie er erst Jahre später mutmaßte?)

Ein Unbekannter war seinerzeit auch der ominöse Ginsematon. Wählt man die Telefonnummer 1503, erfährt man, wie spät es soeben mit Ginsematon wird. Mit „dem Summerton" kann der junge Erdenbürger halt so gar nichts anfangen. Ebensowenig wie mit Rieglers Deutschheft (Reader's Digest), das die Babysitterin so gern liest.

Fragen über Fragen: Was ist ein Drüsenflugzeug, was ein Rotcologne? Warum trägt die Malakopftorte diesen seltsamen Namen, und was hat der ATA-See bloß mit dem Putzmittel im Badezimmer zu tun? Was hat sich das arme Kind unter den „zukunftsreichen Hämmern" aus der Bundeshymne vorzustellen? Weshalb hat man Brustwadeln? Und heißt der gewisse bittere Tropfen mit Vornamen „Wehmuts-" oder „Wermuts-"?

Wehmütig sind wir jedenfalls heute, als Erwachsene. Denn die meisten Missverständnisse haben sich inzwischen aufgeklärt. Unerhört! Und so bleibt den in die Jahre gekommenen, längst Lesekundigen nichts anderes übrig, als sich an den liebenswerten Irrtümern der (Enkel-)Kinder sowie der Nichten und Neffen zu erfreuen, ob es sich nun um Verständnisfehler oder drollige Aussprüche handelt. Etwa die kindlich-naiven Fragen, ob der Himmel in Niederösterreich niederer ist, wie man den Wind aufdreht oder wo die Wolken bei Nacht sind. Und warum „wir Kinder im Pass vom Papi eingetragen sind – weil wir braune Augen haben wie er?"

Wie herrlich blauäugig solche Fragen doch sind! Und wie ungern man die Kinder korrigiert, um wenigstens fremdes Kindsein auszudehnen ...

Eine Super-Location zum Chillen – da geht's heiß her!

Angewandte Jugendsprache. Morgen ist heute schon von vorgestern

Eine *Super-Location zum Chillen* wurde mir jüngst von Halbwüchsigen empfohlen. Wie bitte? Ist es das Gegenstück zu einer Sauna, wo man nicht schwitzt, sondern sich abkühlt (von englisch to chill)? Oder sonst etwas Cooles, was man als „uralter" Mittdreißiger nicht kennt?

In Wirklichkeit ging es bloß um eine Art Disco/Bar/Nachtlokal (auch diese Bezeichnungen wahrscheinlich längt überholt), wo man nach einem anstrengenden Tag hingeht, um Dampf abzulassen und sich im übertragenen Sinn abzukühlen.

Der Lokalaugenschein in besagter *Location* zeigte freilich, dass es trotz der neuen, kühlen Formulierungen genauso heiß hergeht wie früher, als man sprachlich die Betonung nicht aufs Chillen, sondern noch aufs Tanzen legte. Von *abshaken* und *zappeln* sprachen wir damals und fühlten uns natürlich auch sehr cool. Statt *Summersplash* (mitten im Winter) tranken wir eine geradezu provinziell klingende *Rote Mischung* (oder mehrere), waren aber letztlich genauso betrunken.

Fazit: Es ist im Grunde alles gleichgeblieben. Obwohl die Sprache gesellschaftlichen Entwicklungen im Allgemeinen eher nachhinkt, kann sie ihnen in anderen Fällen – siehe hier – auch voraustänzeln (-chillen?).

Die Frage ist immer nur, was gerade *angesagt* ist. Ein Wort, das sich heutzutage großer Beliebtheit erfreut. Angesagt sind in erster Linie Bars und schicke Lokale. Denn die Einstufung als *in* ist *out*, sagt man uns. Geschmackssache. Entschieden verwahren darf man sich aber gegen die Steigerung von *angesagt*. Die *angesagtesten* Bars, das geht zu weit – und wir gehen nicht hin. Rein aus Protest. Weil es uns sprachlich nicht passt.

Apropos *passt*. In jüngster Zeit hat es sich, vor allem unter Jungen und Junggebliebenen, eingebürgert, in Fällen, in denen man früher schlicht *gut* oder *in Ordnung* gesagt hätte, *passt* zu rufen. Man gibt jemandem einen Essens-Nachschlag auf den Teller, und er schreit: „*Passt!*" Man schlägt eine Aktivität vor: „*Passt!*" Unterbreitet einen Entwurf: „*Passt!*"

Falsch ist diese Reaktion natürlich nicht. Das Sprachgefühl der Autorin stört sie trotzdem. Und damit basta.

Nichts ist mehr, wie es einmal war. Vieles passt nicht mehr in unser altes Sprachempfinden. *Scheiße* zum Beispiel wird heutzutage nicht nur mehr als Schimpfwort gebraucht. Das ist uns nun endlich klar geworden. Zwar werden die Kinder von Erwachsenenseite immer noch gemahnt: „Das sagt man nicht", aber für die Jungen ist das Sch...wort positiv besetzt: „*Scheiße*, der Hund ist süß!" Auch der Ausruf „*so ein Scheiß*" kann durchaus als Lob interpretiert werden.

Ähnliches gilt für *cool* und *lässig*. *Cool* kann auch etwas mit kalt oder distanziert zu tun haben. Und *lässig* kann in Richtung schlampig oder nach-lässig gehen. Meistens freilich gilt es als erstrebenswert, cool und lässig zu sein. In einem „Falter"-Interview erklärte jedenfalls der Schauspieler Hanno Pöschl: „Ich bin nicht cool, ich bin lässig." Jetzt wissen wir's.

Begeisterung und Lob auszudrücken scheint gar nicht so einfach zu sein. Man nehme etwa das Adjektiv *supi*, sichtlich eine Abwandlung von super, die es vielen Jung(gebliebenen)en angetan hat. Und nein, wir werfen keinen Stein: Wer kann schon von sich behaupten, gegen Lieblingsausdrücke dieser Art gefeit zu sein? Wie Melodien, die einem nicht aus dem Kopf gehen, kriechen auch „Mundwürmer" gern im Sprachbewusstsein herum.

„Ich freu' ma an Haxn aus", jubelte die junge Frau im Fernsehen angesichts ihres entstehenden Eigenheims. *Gierig!*", rief sie mit Blick auf die Baustelle, *„geil!"* Was gerade noch fehlte: *Genial*!

Diese drei Gs als Ausdruck der Begeisterung sind weit verbreitet. Gierig, geil, genial. Ihrer ursprünglichen Bedeutung entfremdet, sollen sie die Besonderheit von Dingen, Personen, Stimmungen ausdrücken.

Als ob die Sprache dafür nicht jede Menge Ausdrücke parat hätte! Aber der Trend zur Verflachung schreitet voran. Warum man sich freiwillig gar einen Haxen ausfreut, ist ohnehin die Frage. Sich vor Anstrengung einen Haxen auszureißen – von mir aus. Dann geht man eben auf dem Zahnfleisch. Aber vor Freude auf einen Haxen verzichten?

Auch einer Wiener Gymnasiallehrerin wurde es zu viel: 15 Ausdrücke sollten die Schüler finden, die man statt *cool* oder *geil* verwenden kann. Eine sehr vernünftige Hausübung, findet die Sprachspalterin. Eine *fabelhafte* Idee. *Fantastisch. Großartig, wunderbar, kolossal, hervorragend* … Anscheinend hat auch die Deutschlehrerin genug von der inflationären Verwendung von cool/geil/genial. Dabei könnte man *geil* und *genial* ganz einfach in ihrer ursprünglichen Bedeutung gebrauchen und es dabei bewenden lassen.

Da wäre ich schon eher dafür, den Gebrauch des Wortes *explosiv* wiederaufleben zu lassen, das in Wien seinerzeit so viel wie *super* oder *toll* hieß. Um wie viel flotter schwingt man etwa auf einem „explosiven" Ball das Tanzbein!

Von den Jungen kann man viel lernen. Etwa den Gebrauch des Wortes *räuden* in jedwedem Zusammenhang. Ein dehnbares Wort, das flugs die gewünschte Bedeutung annimmt. Auch das Hauptwort *Räude* (Freude durch Räude) und das Adjektiv *räudig* gibt es. Man kann etwa *schnell irgendwohin räuden*; ein Typ kann *räudig* sein et cetera. Wobei nicht klar ist, ob es sich um eine positive oder um eine negative Eigenschaft handelt.

Ich hoffe, werte Leser, durch meine sanfte Kritik an der Jugendsprache bei Ihnen nicht *abgeloost* zu haben. Ist es nicht ein reizender Ausdruck, den ich da aufgeschnappt habe? Die Jungen klagten unter anderem auch über etwas, was *voll ärger* sei. Der Komparativ zur Verstärkung – hat man das nicht schon im Lateinischen so gehandhabt? Es kommt eben alles wieder. Ballerina-Schuhe sind schließlich auch nicht zum ersten Mal in Mode.

Die Elektrische und der Omnibus

„Oldie-Sprache" im Wandel der Zeiten

Die Kluft zwischen den Generationen ist bekanntlich auch in der Sprache zu spüren. Am Vokabular eines Menschen erkennt man, aus welcher Zeit er stammt. So sprach etwa die Großmutter beharrlich vom *Portemonnaie*, dem *Paraplü* (Schirm), dem *Trottoir* (Gehsteig). Französische Ausdrücke waren damals noch en vogue und viel mehr im allgemeinen Sprachschatz verankert, als es heute der Fall ist. Die Straßenbahn kannte sie nur als die *Elektrische*.

Onkel Otto wiederum sagte *Omnibus* zum (Auto-)Bus, weshalb wir wissen, warum selbiger so heißt: Vom Lateinischen abgeleitet, ist der Omnibus – wörtlich übersetzt *für alle* – ein öffentliches Verkehrsmittel eben. So hat der Bus seinen Anfang mit einer Endung genommen.

Aber aufgepasst: Ehe man sich's versieht, gehört man selber der älteren Generation an! Ein deutscher Fernsehsender wählte jüngst je vier Ausdrücke aus Jugend- und Erwachsenensprache und konfrontierte damit Passanten beider Gruppen. Hie: *fett, dissen, Schnittenalarm, Pornobalken,* da: *Locus, einen zur Brust nehmen, Schupo, groggy.* Ersteren (aus dem „Wörterbuch der Jugendsprache" von PONS, das regelmäßig neu aufgelegt wird) standen die Erwachsenen ratlos gegenüber. *Fett* heißt *cool* (ist aber laut meinen Recherchen schon wieder überholt), *dissen* bedeutet *sich abfällig über jemanden äußern, Schnittenalarm* warnt vor Mädchen in der Gruppe, und der *Pornobalken* trieb den Erwachsenen unnötigerweise die Schamesröte ins Gesicht: Es ist bloß der *Schnurrbart* gemeint.

Ahnungslosigkeit auch bei der Jugend: Ob *einen zur Brust nehmen* mit *stillen* gleichzusetzen sei? Und *Locus* eine Blume? Vielleicht eine Idee: Locus Anemone. What a wonderful world ...

Neues taucht auf, Altes geht verloren. Das *Tricherl* etwa, ein Plastikg'schirrl, in dem uns die Großmutter Essensreste mitzugeben pflegte. Es heißt eigentlich *Trü(c)herl* und leitet sich von der *Truhe* her.

Den älteren Lesern sind *Spuck- und Misttrücherln* noch gut in Erinnerung. Das Misttrücherl war ein „kleines Holzkisterl, das vornehmlich zur Aufnahme der Asche aus dem Ofen und der wenigen anderen Abfälle diente, die in der Zeit vor dem Massenkonsum anfielen", schreibt einer.

Dass meine Großmutter ein *Plastikg'schirrl* zum Essenstransport verwendete, will vielen nicht in den Sinn. „Sie müssen noch sehr jung sein, meine Großmutter hätte zum Speisentransport ein Emailreindl verwendet." Und: „Auch wenn es die Omi so genannt hat, ein Plastikg'schirrl ist kein Tricherl. Das Wissen und der Gebrauch der schönen alten Wörter geht halt im Einheitsbrei der Massenmedien verloren."

Ja, ich bin (relativ) jung und schwöre bei meiner Großmutter, dem *Plastik*-Tricherl abzuschwören.

Auch kleidungsmäßig gibt es von den Altvordern wertvolle Anregungen: Sie habe beim Ausmisten ein entzückendes *Lambertscheckerl* gefunden, schwärmte unlängst eine Bekannte. Gleich entbrannte zwischen Jung und Alt eine Diskussion über das Wort *Lumberjack,* das im jugendlicheren Sprachschatz ja kaum mehr vorkommt – oft nicht einmal passiv. Die kurze hochgeschlossene Jacke, die sich vom englischen Holzfäller/Waldarbeiter herleitet. Dass die wienerische Verniedlichung just ein -jackerl ergibt, ist natürlich besonders putzig.

Der Lumberjack wird von älteren Menschen gern auch wie *Lempertscheck* oder – nach der alten englischen Art – *Lömbertscheck* ausgesprochen. Wie das *Lönschpaket* oder *Pöb.*

Ein großväterliches Kleidungsstück ist auch der *Havelock,* ein ärmelloser Herrenmantel mit Schulterkragen, benannt nach einem englischen General dieses Namens. Sehr praktisch erscheint er uns ja nicht, aber bitte. Immerhin kann sich der Mann posthum darüber freuen, dass ein von ihm gern getragenes Kleidungsstück nun seinen Namen trägt.

Genau wie der *Stresemann,* den der bekannte deutsche Außenminister Gustav Stresemann kreiert hat: schwarzgrau gestreifte Hose, schwarzes oder dunkelgraues Jackett, hellgraue Weste, weißes Hemd, silbergraue Krawatte. Er wollte nicht zwischen dem im Reichstag damals verlangten *Cutaway* und „normaler" Kleidung wechseln, weshalb er den bequemeren Kompromiss erfand; die Jacke ist im Gegensatz zum Cut rundherum gleich lang.

Nun könnte man noch über Panamahüte, Bermudas und Ähnliches schwadronieren …

„Ananas im Marchfeld?", titelte jüngst die U-Bahn-Zeitung „Heute". Mit Fragezeichen. Es folgte die Ankündigung eines Vortrags über das künftige Klima in Europa. Klimawandel, globale Erwärmung, das Übliche. Für die nicht mehr ganz jungen Semester unter den Lesern sind freilich „Ananas im Marchfeld" gar nichts Außergewöhnliches. Sie denken nicht an die tropische Frucht, sondern an die Kindheit, als „Ananas" auch noch Erdbeere bedeutete. Als die ältlichen Tanten ihren Nichten und Neffen sonntags jede Menge Ananas mit Schlag oder Ananas-Eis verfütterten.

Das Österreichische Wörterbuch klärt auf: „Kurzwort für Ananaserdbeere, reg. veraltend, gezüchtete große Erdbeere".

In der Tat gibt es ja eine optische Ähnlichkeit zwischen Erd-beeren und Ananas. Man denke an die Form, das Grünzeug obenauf und die Punkte, mit denen die Früchte übersät sind.

Altmodische Sprache hat eben manchmal etwas Lie-benswertes. Das fanden auch die Leser der in Erlangen erscheinenden Zeitschrift „Deutsche Sprachwelt", die – neben Kammersängerin Edda Moser – das österreichische Entführungsopfer Natascha Kampusch zur „Sprachwahre-rin des Jahres 2006" kürten.

Sie konnte zwar bei der Erzählung ihrer Leidensge-schichte nicht gerade mit Ananas aufwarten, bestach aber durch ihre Eloquenz und Sprachsicherheit. „Sie lässt Bil-der von so großer Schönheit entstehen, dass man den Atem anhält. Ihre Stimme und Sprachmelodie sind rein und unverstellt", urteilte das Magazin. Auf die Zuhörer wirkte ihre Sprache geradezu anachronistisch. *Anmutig.*

Und nun zu einem anderen Adjektiv, das sich – freilich schon seit Langem – in Österreich großer Beliebtheit erfreut und Deutsche immer sehr amüsiert: *schiach*. Eine Leserin weist darauf hin, dass dieses Wort kein Dialektaus-druck, sondern durchaus schriftdeutsch sei. In seiner rich-tigen Form heißt es *schiech*. „Ich kannte in meiner Kind-heit noch einige feine alte Herrschaften", schreibt die Leserin weiter, „die auch als Österreicher schön hoch-deutsch sprachen und das Wort *schiech* in seiner korrek-ten Aussprache gebrauchten. Auch mein Klavierlehrer (Jahrgang 1901) fand manchmal das, was ich ihm vorge-spielt hatte, schiech."

Tatsächlich findet sich das Wort im Duden, bayrisch und österreichisch für: hässlich, zornig, Furcht erregend. Da kann einen schon einmal der Schiach angehen, wenn die Deutschen immer glauben, dass wir Österreicher einen minderen Dialekt sprechen.

Großmütter, Tanten, Onkel Otto – und vor allem natürlich die Mutter. Muttersprache – so heißt sie völlig zu Recht. Die Mutter kann den Wortschatz ungemein aufbessern, auch dann noch, wenn man das Erwachsenenalter schon erreicht hat. Letztens brachte sie als Gastgeschenk einen *halsfernen* Pullover. Hat man so etwas schon mal gehört, wenn man weder Schneiderin noch – pardon – ältere Dame ist?

Apropos ältere Dame: Abfällig äußerte sie sich über eine von uns besuchte *spinsterhafte* Wohnung (also die einer „alten Jungfer"), zumal diese mit *Kaukasisch-Nuß-Vollrundbau-Möbeln* ausgestattet war. Wie lautmalerisch: So zart und zerbrechlich „Spinster" klingt, so schwerfällig kommen besagte Möbel daher.

Lange sinnierten wir dann, wie das Möbelstück *Psyche* wohl zu seinem Namen gekommen sei. Tatsächlich findet sich in keinem Wörterbuch Aufklärung. Aber bitte, es gibt ja auch andere rätselhafte Bezeichnungen, wie etwa *Hausfreunde* für eine Nussbäckerei (an der man sich meist die Zähne ausbeißt, vielleicht ist es das). Und warum heißen gerade jene Windbusserln *Witwenküsse*, die klebriges Zitronat enthalten und sich häufig als Plombenreißer entpuppen?

Weil wir gerade beim Kochen sind: „Salzt das *weniger*, das *Meer*salz?", will die Mutter wissen, als sie die Tochter bekocht. Später wird ein Rezept notiert. „Sagst du Erdäpfel- oder Kartoffelgulasch?", fragt die Tochter. „*Erdäpfelgulasch* natürlich", entgegnet die Mutter und diktiert: „Man nehme sechs große *Kartoffeln* ..." Als sie bei der *Mehlschwitze* angelangt ist – mir bisher nur als Einbrenn geläufig –, stehen mir schon die Schweißperlen auf der Stirn. Aber das ist es mir wert, wenn ich dabei so viele neue Wörter (und nebenbei noch kochen) lerne!

Hauptsache, die Chemie stimmt!

Die heutige Großfamilie und ihre sprachliche Umsetzung

Die Zeiten ändern sich, die Sprache ebenfalls. So ist etwa auch die Gesellschaft heute anders strukturiert. Neben der klassischen Familie und dem Single gibt es moderne Großfamilien, die sich wie ein bunter Fleckerlteppich aus Ex-Partnern, Kindern, neuem Partner et cetera zusammensetzen. *Patchwork-Familie* scheint sich als Terminus technicus bereits durchgesetzt zu haben.

Was Neuprägungen anbelangt, sind der Phantasie keine Grenzen gesetzt. *Outlaws* nennt eine Freundin die Familie ihres Ex-Mannes, in Anlehnung an *Inlaws* (englisch für die Schwiegerfamilie). Eine andere wiederum spricht von ihrer *Schwiegermutter ex spe* – jener Dame also, die beinahe ihre Schwiegermutter geworden wäre.

Je größer die Familie, umso besser. Am Muttertag zum Beispiel werde ich bekocht von der eigenen Mutter und der schwesterlichen Schwiegermutter. (Schwieger-)Kinder, Enkel und Stiefenkel werden da verwöhnt – sollte es nicht eigentlich umgekehrt sein? Die Patchworkfamilie macht's möglich.

Man fährt etwa die Schwiegermutter des Gesponses besuchen, die nicht die eigene Mutter ist – welch postmoderne Zustände! Bloß, wie soll man sie benennen, wenn man weder Tochter noch Schwiegertochter ist? Und was ist die eigene Mutter dem Gespons? Der wiederum diesen Titel in Ermangelung eines Trauscheins gar nicht „verdient". Oder: In welchem Verhältnis stehe ich zu den späteren Kindern meines *Kindesvaters* mit einer anderen Frau?

Kennen Sie sich noch aus? Wohl kaum. Eines scheint jedenfalls klar: Uns fehlen die Worte. Im Zeitalter der erweiterten Familien brauchen wir auch einen erweiterten Wortschatz. *Schlamperte* Verhältnisse? Im Gegenteil: Gerade weil man häufig weitverzweigt *verfreundet* bleibt, darf die Sprache ruhig Blüten treiben.

Mit einem meiner Bürokollegen bin ich beispielsweise *angeschieden*. Seine Ex-Frau ist jetzt mit dem Ex-Mann meiner besten Freundin verheiratet, die wiederum gleichzeitig meine Schwägerin ist. Mit ihren *Outlaws* steht sie immer noch auf gutem Fuß. So wie ich mit diversen Schwiegereltern *ex spe*. Und mit meinen *Stieftöchtern*. Die ja auch ausgetauscht gehören. Nämlich nicht die Mädchen selbst, sondern die stiefmütterlich-negativ behaftete Bezeichnung für unsere Beziehung.

Mal sehen, ob es die von uns vorgeschlagenen Bezeichnungen jemals in den Duden schaffen. Während zugleich andere verschwinden. „Veraltet", schreibt der Duden oft – etwa: „mummen, veraltet für einhüllen". Wobei zwischen *veraltet* und *veraltend* (zum Beispiel „wohlan") unterschieden wird. Was jetzt unter „veraltend" fällt, ist wahrscheinlich in der (über-)nächsten Ausgabe „veraltet". Während sich die Sprache *verjüngt*.

Wie auch immer die Familie strukturiert ist: Hauptsache, die Chemie zwischen allen Beteiligten stimmt. Wenn Menschen gut miteinander auskommen, ist dies ein beliebtes, etwas überstrapaziertes Bild. Kein Gift wird verspritzt, der eine ätzt nicht über den anderen, niemand reagiert säuerlich, kurzum: *Die Chemie stimmt* zwischen (zwei) Menschen. Soll sein.

Gar nicht hübsch ist indes folgende Formulierung, die sich in einer Zeitung fand: „Österreichs Chemie mit der UNO stimmt nicht." Die Präposition *mit* erscheint uns hier unpassend. Da stimmt die sprachliche Chemie nicht.

Dies ist auch der Fall, wenn sich ein Mensch über einen anderen *lächerlich* macht. Lächerlich machen kann man sich selber; und man kann jemanden vor anderen lächerlich machen. Über jemand anderen macht man sich indes *lustig*. Kommt in den besten (Patchwork-)Familien vor.

Und was prinzipiell nur innerhalb der Familie vorkommt: Inzest. Wenn also der Film „Sitcom" laut einem Zeitungs-Filmtipp von „Inzest innerhalb der Familie" handelt, dann fragen wir: Kann uns bitte jemand erklären, wie Inzest *außerhalb* der Familie aussieht? Andererseits ist zu überlegen, wie man Inzest innerhalb der Patchwork-Familie benennen soll?

Weicheier und Frauenversteher

Moderne Schimpfwörter im Aufwind

Mit Schimpfwörtern ist es so eine Sache. *Turnbeutelverliererin* wurde ich unlängst genannt. Da hat es mich aber gerissen: Woher wissen die, dass ich als Kind gern mein Turnsackerl verschmissen habe? Keine Rede davon – der Turnbeutelverlierer ist sichtlich ein neu geschaffenes Universalschimpfwort, à la *Frauenversteher*, *Weichei* oder *Warmduscher*. Sogar die Verunglimpfung *Olivenölkenner* musste sich dieser Tage jemand gefallen lassen. Ziemlich frech. Andererseits voll im Trend: Denn Olivenöl soll bereits wieder „out" sein. Ich bin übrigens auch eine Teebeutelvergesserin. Also eine, die den Teebeutel in der Kanne vergisst und vergammeln lässt – was meiner Restfamilie wenig Freude bereitet.

Auch *Gutmensch* genannt zu werden ist heutzutage schlecht. Es ist kein Kompliment, sondern ein Schimpfwort, das sich in den letzten Jahren in unsere Sprache eingeschlichen hat. Wenn jemand demonstrieren geht, Zivildienst macht, sich sozial engagiert, gegen Rassismus auftritt – schon wird er als Gutmensch mit negativem Beigeschmack verwässert.

Der Duden kennt das Wort nicht, aber im Österreichischen Wörterbuch wird es erklärt: „oft abwertend: jemand, dessen politisches, moralisches oder gesellschaftliches Engagement als übertrieben dargestellt wird".

Zugegeben: Es gibt sie, die Leute, denen jeglicher Hauch von Bösartigkeit fehlt, sodass sie einen fast aggressiv machen. Aber ist es nicht eine verkehrte Welt, gute Menschen schlechtzumachen? Sollte der Mensch im Idealfall nicht per se gut, der *Gutmensch* also ein Pleonasmus sein?

Im Internet findet sich die Predigt eines deutschen Priesters (Herbert Leuninger) zu dem Wort. Er vermutet, dass es vom französischen *Bonhomme* übertragen wurde: ein gutmütiger Kerl, zugleich ein Schwachkopf. Der Gutmensch als jemand, der belächelt wird, weil er (politisch, sozial) „unzeitgemäße" Forderungen stellt. Er „muss damit leben, als unmodern, naiv und einfältig zu gelten". Ja, ich weiß, diese Zeilen machen die Schreiberin in den Augen vieler Leser/-innen selber zu einem Gutmenschen. Da hilft nicht einmal der „schlechte" Nachname – Male.

Warum schaffen wir den Gutmenschen nicht einfach wieder ab, streichen ihn aus unserem Sprachschatz? Aus den genannten Gründen – und nicht, um den weniger Guten Vorschub zu leisten. Dies kann man nämlich im Internet tun, mittels „nützlichem Tool" unter „Anti-Gutmensch" – „ein Service der Dienstleistungs-Untereinheit für moderne Bösmenschen".

Abgeschafft wurden auch – und das finden wir eigentlich schade – allzu deftige Beschimpfungen im österreichischen Parlament. Dort gibt es neuerdings eine „Schwarze Liste" mit verbotenen Ausdrücken à la *Idiot*, *Wahnsinniger, Wurschtl*. Abgeordnete, die sich dennoch solcher Schimpfwörter befleißigen, erhalten einen Ordnungsruf. Schade eigentlich. Wie langweilig wird künftig der Parlamentsalltag werden!

Manchmal stolpern wir ja ganz zufällig über Schimpfwörter. So stieß sich mein Sohn, als er ein kleiner Bub war, an der Formulierung *den Kuchen ins Rohr schieben* – „denn ‚Orsch' darf man nicht sagen". Seither schwingt in der Familie, wann immer Wörter wie h*arsch*arf oder V*orsch*au fallen, das „Unwort" mit. Heutzutage lockt A und O freilich kein Kind mehr hinterm Ofen hervor und erscheint vergleichsweise harmlos.

Trotzdem war meine Mutter erstaunt, als sie plötzlich über einen O.... in geschriebener Form stolperte, noch dazu in der „Presse". Sie war dabei, das Kreuzworträtsel im „Spectrum" zu lösen, und hatte bereits einige Wörter senkrecht eingesetzt, aus denen sich waagrecht justament – na, Sie wissen schon – ergab.

Es war freilich nur ein vorübergehender Ausrutscher: Kaum komplettiert, wurde aus dem O.... ganz harmlos die Nachforschung. Alte Tanten hatten ja seinerzeit überhaupt nur vornehm vom *Allerwertesten* gesprochen – oder von den *Vier Buchstaben*, was den Kindern höchst rätselhaft erschien (Popo?). Der Jugendfreund meines Bruders wiederum hieß mit Familiennamen „Orasch". „Dem hat der liebe Gott das A geschenkt", war man in der Nachbarschaft überzeugt.

Fußhaupt und Handpediküre

Wenn Sprache Hand und Fuß hat

In einem Roman las ich kürzlich von *gut manikürten Füßen*. Die Sache hat wahrlich Hand und Fuß, im wörtlichen Sinn. *Maniküren* leitet sich von *manus* ab, der lateinischen Hand, *pediküren* von *pes* (Fuß). Womit eine *Fußmaniküre* ein Ding der Unmöglichkeit, eine *Handmaniküre* jedoch ein Pleonasmus ist.

Genauso wie ein *Fußpedal*. Von einem solchen war kürzlich im Radio die Rede, und zwar wiederholt. Vielleicht war es ja ein bewusstes Stilmittel wie der *weiße Schimmel*, denn wofür sonst als für den Fuß ist ein Pedal gedacht? Vom lateinischen *pes* leitet sich auch die Wendung *per pedes* (zu Fuß) oder *stante pede* („stehenden Fußes", sofort; im Wienerischen auch gern „stantapeda" oder „stantepé" ausgesprochen) ab. Gaspedal, Bremspedal – in Ordnung; aber Fußpedal? Gibt es etwa auch ein Handpedal?

Aber möglicherweise liege ich falsch, und die Motoristen werden mich eines Besseren belehren – denn schließlich gibt es auch Handbremsen, die mit dem Fuß zu bedienen sind.

Und wussten Sie, dass ein Bett nicht nur ein Haupt, sondern auch ein *Fußhaupt* haben kann, wie in einem Möbelkatalog vermerkt? So unlogisch es klingt. Natürlich kann man das *Fußhaupt* vermeiden, indem man einfach *fußfrei* schläft beziehungsweise kauft. Komplett ist das Bett freilich nur, wenn es Haupt und Fuß(haupt) hat. Erinnert erst recht wieder an die vorhin erwähnte Fußmaniküre. Warum nicht *Fußteil*?

Ähnlich umständlich ausgedrückt: *bar-hockerhohe* Stühle (ebenfalls aus einem Roman). Haben diese nicht das Recht auf eine eigene Bezeichnung, selbst wenn man sie erst prägen muss? Was spricht gegen einen Barstuhl? Und schon haben wir elegant die Kurve vom Fuß zur Bar gekratzt. Barfuß gar?

Wie dehnbar der Begriff *barfuß* ist, beschreibt folgende Meldung einer Nachrichtenagentur: „Ein 26-jähriger Mann aus Hessisch Oldendorf hatte sich in der nächtlichen Hitze mit einer 25-jährigen Freundin aus Hameln in deren Wohnung verlustiert ..." Prompt kam natürlich der Ehemann nach Hause: „Der 26-Jährige ergriff daraufhin die Flucht, *barfuß bis zu den Haaren*, wie er gerade war. Mit einem beherzten Sprung aus einem Fenster der Hochparterre-Wohnung suchte und fand er das Weite."

Vor-Sicht, Vor-Silbe!

Vorreservieren, rückantworten, andiskutieren.
Warum einfach, wenn's kompliziert geht?

„Darf ich Sie anschildern?" Dies fragte kürzlich ein Anrufer, der sich über Missstände beklagen wollte, und schon ergoss sich ein Redeschwall durch den Hörer. *Anschildern?* Das ist mal wirklich was Neues. Ausgesprochen wurde das Wort übrigens *anschüdan.*

Auch Dinge anzudenken ist heutzutage sehr beliebt. „Wir hatten bereits *angedacht,* ein neues Projekt zu starten." Früher hat man einfach *überlegt* oder *erwogen.* Andenken? Da dachte man nur an ein Substantiv, ein Souvenir. Dass Letzteres sich von einem französischen Verb ableitet, ist eine andere Geschichte.

Ebenfalls en vogue:

1. *andiskutieren* – vielleicht ganz praktisch: Man diskutiert ein bissel, muss sich aber nicht so richtig ins Zeug legen beziehungsweise nach einer Lösung der (Streit-)Frage suchen.

2. *vorreservieren* – reservieren, ohne sich festzulegen? Wir haben den Tisch halt einmal vorreserviert. Sicherheitshalber. Kann man immer noch verfallen lassen.

3. *rückbestätigen, rückantworten* – als ob eine Bestätigung oder eine Antwort allein zu wenig wäre. Gleiches gilt ja auch für die Fälle eins und zwei, für die wir nur scherzhafte Erklärungen angeboten haben.

Bei all den genannten Verben dürfte die simple, nicht zusammengesetzte Form offensichtlich nicht mehr ausreichen. Warum einfach, wenn's kompliziert geht?

Überkompliziert zum Beispiel auch folgender Satz: „Zwischen den *anskizzierten* Eckpositionen findet sich eine *abdifferenzierte* Skala, die ihren gemeinsamen Nenner in der thematisierten Maxime des pragmatischen Einverständnisses mit dem Status quo hat." Dieses Zitat stammt aus einer Studie des Instituts für Soziologie. Das alte Problem vieler wissenschaftlicher Arbeiten – ohne dass wir deren inhaltlichen Wert schmälern wollen: zu lange Sätze, unverständliche, abstrakte Sprache. Auch *ausdifferenzieren* ist übrigens zu viel des Guten.

„Mit den Plänen für einen Kinderscheck und die Einschränkung der beitragsfreien Mitversicherung auf Ehepartner mit Kindern würden Frauen zu ‚reinen Gebärmaschinen' *zurückdegradiert* ...", war zu lesen. Warum nicht einfach *degradiert*?

Und zum Sommerende erreichte uns eine Einladung zum *Abgrillen* auf der Terrasse eines Schweizer Freundes. Na, immerhin sagte er nicht *abgrillieren*. (Die Schweizer *parkieren* ja auch.) Bisher kannten wir nur das am Ende der Saison übliche *Absegeln*.

Der Trend zur überflüssigen Vorsilbe ist übrigens nicht auf Zeitwörter beschränkt. Auch wenn der Bundeskanzler von einer *proaktiven* EU-Politik spricht, meint er eigentlich eine aktive. Nur dass das halt nur halb so aufregend klingt.

Von den Vorsilben zu den Vorwörtern: Eine beliebte Unart ist es, statt *auf dem am* zu sagen – Letzteres ist die Abkürzung für *an dem*. Quo usque tandem, lieber Leser, willst du die Sprache spalten?

Es macht nun einmal einen Unterschied, ob man *auf dem* oder *am* Tisch sitzt. Elian sitzt *am* Schoß seines Vaters (wie soll das gehen?), Elian spielt *am* Flug mit Plastilin et cetera. So etwas kann einem *am* Geist gehen. Besonders hübsch ist die Formulierung: „Elian ist *am* Badezimmerspiegel das

Bildnis der Jungfrau Maria erschienen." Hier sollte es wohl *im* heißen.

Aber es ist ja auf nichts mehr Verlass: Der neue Duden erlaubt sogar ausdrücklich, dass man statt *auf dem aufm* sagt, ja sogar schreibt, oder auch *auf'm*. Und wie man hört, gibt es Sekretärinnen, die solches in offizielle Briefe schreiben und sich dann aufn Duden berufen.

Ein Politiker wiederum sagte kürzlich in der TV-„Pressestunde": „Ihre Frage *widerspiegelt* eine gewisse Absicht." Richtig müsste es heißen: *spiegelt ... wider*. Denn zusammengesetzte Zeitwörter werden in Hauptsätzen in ihre zwei Bestandteile geteilt, wenn der Infinitiv auf dem ersten Wort betont wird. Das ist bei *widerspiegeln* der Fall, ebenso wie beispielsweise bei *aufessen, absagen, untergehen* (Ich esse auf, sage ab, gehe unter). Anders: *vergehen, überlassen* etc. Hier wird auf dem zweiten Teil betont und daher nicht getrennt (Ich vergehe, überlasse).

„... damit einem nicht *wiederfährt*, was den Eltern und Großeltern geschehen ist", schreibt ein Gastkommentator. Eigentlich eine hübsche Wortkreation, die die Wiederholung von bereits Widerfahrenem widerspiegelt.

Eine beleidigte Leberwurst

Streichfähig, aber ungenießbar. „Verzichtbares" aus dem Wörterbuch

„Wenn ich in den Wald gehe und einen Pilz finde, ist die große Frage, ob der Pilz essbar oder essfähig ist", schreibt ein Leser, „im zweiten Fall halte ich besser Abstand – er könnte mich in den Finger beißen!"

Ein anschauliches Beispiel für die unsinnige Anwendung von *-fähig*. Als Endung eines Eigenschaftsworts bezeichnet dieses eine aktive Fähigkeit, während eine passive durch ein angehängtes *-bar* ausgedrückt wird: *tragfähig* ist etwas anderes als *tragbar*, die Verwechslung untragbar. (Manchmal kann natürlich beides der Fall sein: Eine Tragbahre etwa sollte tragfähig und tragbar sein ...) Oder: gehfähig (im Unterschied zu gangbar).

Stoßen darf man sich auch an „reparaturfähiger Substanz" in den Sofiensälen und an der „klagsfähigen Unterstellung" eines Grün-Mandatars.

Mit Besserung ist freilich kaum zu rechnen, denn sprachliche Schnitzer sind nicht strafbar, die „Sprachpolizei" ist machtlos. Wer davon ein Klagelied singen kann, ist möglicherweise tatsächlich klagfähig.

Oder bin ich bar sprachlicher Fähigkeiten? Ein kritischer Herr bezeichnete meine Beiträge als „verzichtbar". Der Duden kennt dieses Wort nicht, sondern nur das Gegenteil: *unverzichtbar*. Ein Wink des Sprachgotts? Puristen halten ja sogar *unverzichtbar* für falsch, da ihrer Meinung nach Adjektiva auf -bar – siehe oben – nur von transitiven Verben gebildet werden können, von Zeitwörtern also, die den vierten Fall verlangen: Ich esse etwas – etwas ist essbar; ungenießbar, unauffindbar, dehnbar, erreichbar, et cetera. Aber: Ich verzichte *auf* etwas. Vom Verb *verzichten* ein Adjektiv auf *-bar* zu bilden ist somit bar jeglicher Logik. *Unverzichtbar* ist verzichtbar, pardon, ich meine natürlich entbehrlich.

Ich für meinen Teil bin nun angesichts der Kritik eine beleidigte Leberwurst – „streichfähig", aber ungenießbar. Als *streichfähiger* Käse wurde übrigens seinerzeit in einer Karikatur ein stattlicher Emmentaler gezeichnet, der mit einem Pinsel einen Zaun anstrich.

Ein besonderer Leckerbissen ist auch die *Kalbsleberstreich*, die es im Supermarkt zu kaufen gibt. Die *Wurst*, die der kleinen Streichwurst am Wortende fehlt, ist dem Hersteller sichtlich wurst. Er spielt uns einen Kalbsleberstreich.

Oder nehmen Sie jene *Frischkäsezubereitung*, die es unter ebendiesem Namen fix und fertig zu kaufen gibt. Gerade weil man sich die Zubereitung ersparen will, kauft man ihn ja eigentlich, den frischen Streichkäse mit der unorthodoxen Bezeichnung.

Bei Politikern sehr beliebt ist das Wort *herzeigbar*. Umweltminister fordern herzeigbare Fortschritte, Bundeskanzler ziehen vorsichtige, aber herzeigbare Zwischenbilanzen. Freilich, die Wortschöpfung ist nicht unbedingt falsch (obgleich dem Duden und unserem Computer unbekannt). Aber wird da nicht von den Politikern, taktisch unklug, auf oberflächliche Kosmetik hingewiesen? Substanzielle Fortschritte wären uns lieber – oder gar eine Zwischenbilanz ohne jegliches Attribut.

Die sonderbarsten Dinge gibt es. Faltenfrei, feinfädig, sehr bequem. Elegante „Socken" werden da in einem Werbeprospekt angeboten. Warum die Socken unter Anführungszeichen stehen, ist – wie oft – unklar. Wo es doch ganz normale Socken sind. Keine Socken im übertragenen Sinn. Was wiederum im wörtlichen unangenehm wäre: Wer will schon übertragene Socken, also solche, die schon ein anderer an den Füßen gehabt hat?

Aber das nur am Rande. Ein größeres Problem bereitet ein weiteres Attribut, das die Werber den Socken verpasst haben: *unkaputtbar*. Sogar der sonst recht liberale Duden kennt dieses Wort nicht. Erstaunlicherweise kennt die „Word"-Rechtschreibhilfe das Wort *Unkaputtbahre*. Nun ja, vielleicht könnte man mit einer solchen das unliebsame Wort *unkaputtbar* zu Grabe tragen. Womit das Problem erledigt wäre, eben doch kaputt.

Kaputt soll übrigens auf ein französisches Kartenspiel zurückgehen. *Capot* bezeichnete sowohl einen Gewinner (*faire capot*) als auch einen Verlierer (*être capot*). Im Deutschen wurde es als *kaputt* (*keinen Stich machen*) übernommen und schließlich auch auf „zerbrochene Gegenstände" bezogen. Es soll zurückgehen auf franz. *capoter* = „kentern, sich überschlagen" (Kopf nach unten).

Nicht nur die Wörter auf *-bar* bereiten manchmal Schwierigkeiten, sondern auch jene auf *-lich*. So tritt etwa eine Leserin für die umgehende Entfernung des Wortes *zögerlich* aus dem Wortschatz der deutschen Sprache ein. *Zögernd* müsste es ihrer Meinung nach heißen, genauso wie *zaudernd*.

Zugegeben: Auch uns gefällt *zögernd* subjektiv besser; es erscheint logischer, vom Verb *zögern* das Partizip zu bilden als ein Adjektiv auf *-lich*. Andererseits findet sich *zögerlich* im Duden, weshalb es schwerfällt, dagegen aufzutreten.

Die Leserin argumentiert so: „Zögern' ist ein intransitives Zeitwort (also eines, das keine Ergänzung im dritten oder vierten Fall verlangt) und ist resistent gegen das manipulierende ‚-lich'." Beispiel: *unverbesserlich*. Dazu unsere Frage: Was ist dann mit *unendlich* oder *zimperlich*? Man kann schließlich nichts und niemanden *zimpern*.

Die Sprachspalterin stolperte indes über ein anderes Wort: Die SP sei zu wenig *angriffig*, klagte ein Politiker in einem Interview. Sind von *angriffslustig* ein paar Buchstaben verloren gegangen? Ist es eine direkte Übersetzung von *aggressiv*? Glatt und griffig, aalglatte Politiker, Parteien zum Angreifen – aber angriffige Parteien? Man höre und staune: Auch *angriffig* kennt der Duden – „schweizerisch für draufgängerisch, zupackend". Bitte sehr! Dann wollen wir's niemandem vergraulen. Und angriffig das nächste Kapitel beginnen!

Sind Sie bitte so lieb!

*Imperativ-Mangelerscheinungen, Konjunktiv-Überdosis –
und andere Stärken wie Schwächen bei der Abwandlung
von Verben*

„Sind Sie bitte so lieb!" Diese zuckersüße Aufforderung, die
allenthalben zu hören ist, erbittert mich immer. Ob Sie lieb
sind, kann man fragen. Dass Sie lieb sind, kann man
behaupten. Aber für eine Aufforderung ist der Imperativ
von „sein" notwendig, und dieser lautet: *Seien* Sie bitte so
lieb.

Gerade das Vokabel *lieb* (neuerdings meist „liiieb!")
erfreut sich weithin in Österreich, speziell in Wien, größter Beliebtheit. Leider sehr häufig auch dort, wo es seman-
tisch (und oft auch sonst) nicht hinpasst. Denn lieb sind
Großmuttis oder Vatis sowie Kinder (wenn man Glück
hat). Wenn es aber um öffentlichen, nicht-intimen zwi-
schenmenschlichen Umgang geht, mutet „lieb" etwas läp-
pisch an. So etwa dann, wenn man sich die Gunst über-
lebenswichtiger Karitativmenschen (zum Beispiel die
meiner Friseuse, des Installateurs oder des PC-Techni-
kers) mit Trinkgeldern zu erkaufen gezwungen ist und
sich dafür sagen lassen muss, man sei zu ihnen „aber
liiieb" gewesen.

Freundlich? – Gut! *Liebenswürdig?* – Detto, aber bitte
schön partout nicht *liiieb*! Apropos: Höchst unlieb wär' es
mir, würde ich als *tierlieb* eingestuft, wie die Charakterei-
genschaft *tierliebend* heute gern bezeichnet wird. (Am liebsten wäre ich natürlich *lieblich* ...)

„Ich *würde* mir gerne das Lied XY wünschen." Immer wieder springt diese Formulierung in Radiosendungen ins Ohr, in denen Hörer ihre Wünsche äußern dürfen. Warum, bitte, sagen sie nicht einfach: „Ich wünsche mir" dies oder jenes? Der Wunsch ist doch ein Faktum und seine Erfüllung, sobald man einmal zum Moderator der Sendung durchgedrungen ist, so gut wie sicher. Es ist wohl eine Art − falsch verstandene? − Höflichkeit.

Ähnlich wie die Formulierung beim Bestellen im Restaurant: „Ich hätte gern ein Schnitzerl gehabt." Da wird aus lauter Höflichkeit sogar zum Konjunktiv der Vergangenheit gegriffen. Auch hier steht zwar einer Erfüllung des Wunsches in der Gegenwart nichts im Wege, aber umgangssprachlich drückt man sich eben gern so aus. Man vergleiche dazu die „Deutsche Grammatik" von Johannes Erben, wo es heißt: „... ist an den umgangssprachlich beliebten Typus der ‚vorsichtigen' Feststellung mit einem fakultativen Konjunktiv II zu erinnern: Da wären wir also am Ziel."

„Er hat mir dann erzählt, er hätte ein Lotterielos in ihrer Tasche gefunden, und sie hätte ihm nicht erklären können, wovon sie es gekauft hatte. Etwas später hätte er bei ihr einen Beleg des Leihhauses gefunden ... Bis dahin hätte er nichts von der Existenz dieser Armbänder gewusst."

Auf Holzhammer-Art saust ein *hätte* nach dem anderen auf den armen Leser der Übersetzung von Albert Camus' „Der Fremde" hernieder. Wohlig weich und vor allem richtig wäre *habe*, der Konjunktiv I, der in der indirekten Rede für die Wiedergabe von Fakten zu verwenden ist.

Schade, dass auch in den neu aufgelegten und mit neuen Umschlägen versehenen Camus-Ausgaben von rororo altbekannte Fehler weiterleben.

Freilich, gelegentlich ist in der indirekten Rede auch der Konjunktiv II erlaubt, und zwar dann, wenn der Konjunktiv I dem Indikativ gleicht. Ein Beispiel: Sie sagt, ihre Kinder hätten heute leider keine Zeit. Hier sind Indikativ und Konjunktiv I identisch: haben. Weshalb man ausweichen darf.

Aber man muss wohl davon ausgehen, dass viele diese Regel nicht kennen. Apropos: *Ausgehen von,* ein Synonym für *voraussetzen, fest annehmen,* ist zur völlig gedankenlos nachgeplapperten Einheits-Modefloskel statt *glauben, meinen, vermuten, schätzen, hoffen, befürchten* geworden und macht die Sätze nur länger und unübersichtlicher.

Zum Beispiel: „Während die Rettungskräfte von einer Lawine ausgingen, stellte sich bald heraus ..." – warum nicht „eine Lawine vermuteten"? „Die Polizei ist von einem Konflikt ausgegangen" – Wäre nicht auch hier „hat vermutet" schlanker? „XY geht jedenfalls davon aus, dass die Sanierung ... doch noch finanziert wird" – Warum „hofft", „erwartet" er nicht einfach? – Eine besondere Stilblüte: „Ich gehe von der Annahme aus, dass ..."

Seit einigen Jahren gilt die Floskel „etwas *darf* bezweifelt werden" als besonders geschliffen – egal, ob ein positiver oder ein negativer Sachverhalt in Rede steht. Richtigerweise müsste man differenzieren: Es muss bezweifelt werden, dass der Spitzenpolitiker XY sehr redlich ist, aber es darf bezweifelt werden, dass alles Negative, was von ihm behauptet wird, zutrifft.

Im ersten Fall nehmen wir die Unredlichkeit des Politikers an (negativ/daher *müssen*), im zweiten hoffen wir zugleich, dass er nicht durch und durch unredlich ist (positiv/daher *dürfen*). Da der Mensch auf Gutes, Wahres, Schönes hofft (solang er strebt), muss bezweifelt werden, dass das Sprachgefühl der besagten Schreiber suffizient ist, es darf aber bezweifelt werden, dass die sprachliche Insuffizienz eine universelle ist.

„Amtshaftungsklage wird *erwägt*", titelt die „Presse". Einen Leser hat das sehr geschmorzen. Desgleichen die Behauptung, dass Abgeordnete oft mit Firmen *verflechtet* seien. Es ist schon erstaunlich, wenn Muttersprachler solche Probleme mit dem Mittelwort der Vergangenheit haben. *Erwogen, verflochten,* so schwierig dürfte das nicht sein. Oder doch? Sogar die Gegenwart ist sichtlich nicht so leicht zu bewältigen: „Ob er Hilfe *erbeten* wird, ist noch offen."

„Dichte Rauchspuren *hangen* also in den letzten Tagen im Himmel über der Stadt." Auch das Imperfekt ist in diesem Fall un-perfekt. Sie *hingen* oder sind *gehangen*. Im Unterschied zu: Ich hängte das Bild auf. Oder: Ich habe es aufgehängt. Als Sprachspalterin ist man manchmal nah dran, sich aufzuhängen. Oder zumindest das Hobby des Sprachspaltens an den Nagel zu hängen. Weil sich ja doch nichts ändert. Andererseits: Was sollte man schreiben, wenn die Leute keine Fehler machten?

„Die gesetzliche Grundlage wurde *geschafft*." Was der Formulierer dieses Satzes indes nicht geschafft hat, ist, sich der Sprache richtig zu bedienen. Die Grundlage wurde geschaffen. *Schaffen* kann stark oder schwach gebeugt werden. Schaffen-schaffte-geschafft, im Sinne von *vollbringen* (oder auch *arbeiten*): Sie haben es geschafft, er hat den ganzen Tag geschafft; schaffen-schuf-geschaffen wiederum meint: etwas schöpferisch, gestaltend hervorbringen.

„Das Zusatzgerät ist in allen Filialen erhältlich und wird einfach an die Telefonsteckdose angesteckt. 12 Stunden nach dem Kauf des Anmeldeformulars wird dieser freigeschalten." Abgesehen von *dieser* (wer?): Es heißt *freigeschaltet*!

Auch auf folgendes Schmankerl möchte ich Sie aufmerksam machen: „Die Chinesen dürften sich in Sicherheit *gewogen* haben." Das dürfte freilich nicht der Fall gewesen sein. Vielmehr werden sie sich wohl gewiegt haben. Das Zeitwort *wiegen* kann stark oder schwach gebeugt werden, je nachdem, ob es ums Gewicht geht (er wog 70 Kilo) oder um *wiegen* im Sinne von *schaukeln*, so wie man ein Kind in den Armen wiegt, wiegte, gewiegt hat. Um hingegen Gewicht aktiv festzustellen, muss man etwas (ab-)wägen, was man auch im übertragenen Sinn tun kann.

Aber natürlich könnten sich die Chinesen auch im Schutz ihrer Mauer abgewogen haben ...

Zugegeben, das ist recht verwirrend, liebe Leser und Leserinnen, aber bitte bleiben Sie mir trotzdem gewogen!

„Natürlich ist Wien auch hergerichtet und aufgeräumt *geworden*." So schrieb „Zeit_schritt 4" (Magazin für Modern Politics). Natürlich müsste es „hergerichtet und aufgeräumt worden" heißen. *Werden* kann bekanntlich Hilfszeitwort sein (wie hier) oder Hauptzeitwort: „Ich werde erwachsen."

Dazu passt auch folgender Satz aus einer Zeitung: „Und schon *ward* das Messgerät zur Hand." Erschien dem Schreiber ein einfaches *war* zu nüchtern? *Ward* heißt aber *wurde*, ist hier also fehl am Platz.

Gewendet oder Gewand(t) – Jacke wie Hose?

Wendehälsen geht es an den Kragen

Nicht immer ist leicht zu entscheiden, welche der beiden Formen des Mittelwortes der Vergangenheit von *wenden* – *gewandt* oder *gewendet* – jeweils anzuwenden sei. Zur Illustration einige Beispiele: Herr Meier, der welt- und sprachgewandt, soigniert gewandet und weltanschaulich wendig war, hatte sich an Herrn Müller mit der Frage gewandt, ob er sich an vorgesetzter Stelle für ihn verwendet habe.

Im Gegensatz zu diesen Sachverhalten beschreibt die (schwache) Form *gewendet* physikalische Zusammenhänge, meist Richtungs- oder Positionsänderungen. Gewendet wird zum Beispiel Heu (auf der Wiese), ein Fahrzeug (auf der Stelle), ein Pferd (auf der Hinterhand), eine Yacht (gegen den Wind), und in schlechten Zeiten wurden sogar Anzüge gewendet. Auch noch vor gar nicht allzu langer Zeit wurde von der Großmutter der eine oder andere Kragen gewendet.

So weit, so klar: Unklarheiten kommen allerdings in der Politik vor: So hat sich etwa manch prominenter DDR-Wendehals nach der Wende von der kommunistischen Ideologie ab- und der Demokratie *zugewandt*. Keine (Kehrt-)Wende im wörtlichen, sondern im gedanklichen, emotionalen Sinn. Im Gegensatz dazu wurde unlängst in einem Leserbrief von namhafter Seite berichtet, dass sich ein Patriot „gegen die Kru(c)kenkreuzlerideologie der ‚Presse‘ gewendet“ habe. Ist es neuerdings „Jacke wie

Hose", welche Form angewandt (angewendet?) – besser: gebraucht – wird?

„Ein oft verwendeter Fehler", kritisiert ein Leser. Wobei er allerdings *verwendet* falsch verwendet, da man einen Fehler *macht* – es sei denn, man ist Sprachspalterin: dann kann man ihn verwenden.

Mit den Ver*wandt*schaften hat es manchmal so seine Bewandtnisse, wie es etwa schon Wilhelm Busch schildert: Der Vetter Franz der „Frommen Helene" betrachtet seiner Base Zwillinge *unverwandt*, obwohl er doch mit diesen sehr wohl *verwandt* ist. Dies durfte er – in sprachlicher Hinsicht – reinen Herzens tun, denn unverwandt bedeutet ja nicht *nichtverwandt*.

Im ORF wurde berichtet, dass Präsidentschaftskandidat X „für seine Wahlwerbung etwa eine Milliarde Dollar *verwandt* habe". Hier wandte sich der Zuseher mit Grausen ab. Denn was der zwar wohlgewandete (sein Anzug war alles andere als gewendet) und auch recht wendige, aber nicht sehr wortgewandte Kommentator sagen wollte, war: *verwendet*; was er hätte sagen sollen, wäre *aufgewendet* gewesen. Aber sogar die „Frankfurter Allgemeine" schreibt: „Ein Ehering, von den Großeltern vererbt, kann zur Heirat des Enkels wieder *verwandt* werden."

Verwandt oder verwendet? Der Duden erlaubt beides als Mittelwort der Vergangenheit von *verwenden*, während die Sprachspalterin *verwendet* vorzieht und *verwandt* in den Bereich der Blutsbande verwies.

Zum Duden ist Folgendes zu sagen: Er ist zwar eine gute Stütze, als letzte Instanz aber unzureichend. Eine Sprachbibel, die so manchen zum religiösen Zweifler macht. Zu Recht wurde der Duden schon vom früheren „Presse"-Sprachspalter Hirschbold als „Totengräber der deutschen Sprache" angeprangert, da er dieser durch Vereinfachungen häufig Schaden zufügt. Wie bei „verwandt" und „verwendet" eben. Warum Einheitsbrei, wenn es so feine Unterschiede gibt?

Natürlich muss sich die Sprache weiterentwickeln und für Änderungen offen sein; Konzessionen ans sprachlich Inferiore sind jedoch nicht notwendig. Schließlich war es ein Gewinn in semantischer Hinsicht, dass sich bei mehreren Verben zusätzliche Formen entwickelt haben, etwa bei senden, laden, schleifen (auf die der Duden manchmal hinweist, manchmal nicht).

Ein Autor *sandte* ein Manuskript an die Rundfunkredaktion, der Text wurde aber nicht *gesendet*. Der „Hinterteil" des Straßenbahnwaggons *ladet* in engen Kurven aus. Bei Frau Pollak verhält es sich ähnlich, nur *ladet* hier eher der gesamte Mittelbau aus. Sie ist über ihren Gatten derart *geladen*, dass sie die von diesem eingeladenen Gäste wieder *auslädt*. Der Architekt führte in *geschliffener* Rede aus, weshalb sein Bauwerk nicht *geschleift* werden sollte.

Wozu all diese Nuancen verschleifen? Allzu streng wollen wir ja nicht sein, aber muss man deswegen gleich die Zügel schleifen lassen?

Im Süden geht sich noch ein bisschen Sonne aus

Wetterbericht und Erdkunde als sprachliche Fundgruben

Unklar und umschweifig ist häufig die Wettervorhersage. Bleibt abzuwarten, ob sich dieses Wochenende ein bisschen Sonne *ausgeht*. Angesichts dieser „meteorologischen Neuschöpfung" kann einem die Geduld ausgehen. Die Formulierung ist sonderbar und sollte aus dem Standardrepertoire der ORF-Wetterfrösche wieder gestrichen werden. „Das geht sich nicht aus" ist übrigens ein Austriazismus, der in Deutschland nicht verstanden wird.

Interessant auch folgende Wetternachricht aus den „Salzburger Nachrichten": „Polare Kaltluft sucht seinen Weg nach Süden." Außerdem sucht die Kaltluft offensichtlich das richtige Possessivpronomen. *Ihren* Weg.

Gern schieben die Leute die Schuld auch auf das Wetter. Auf das Biowetter etwa: „Narben und Kopfschmerzen sowie Migräne treten vermehrt auf", hieß es jüngst in einer Biowettervorschau. Es ist allerdings eher unwahrscheinlich, dass ganz plötzlich aus heiterem Himmel Unmengen von Narben auftreten. Narbenschmerzen waren wohl gemeint, der Bindestrich hat aber leider gefehlt: Narben- und Kopfschmerzen.

„Das Hochwasser spitzt sich zu" – so wollte es ein Kollege formulieren, konnte aber noch knapp daran gehindert werden. Spitze Wasser? Da sinkt die Sprache tief.

Etwas anderes fiel im Zusammenhang mit den Überschwemmungen zum wiederholten Male auf: Der Gebrauch des Verbs *evakuieren* wird in vielen Redaktionsstuben besonders streng gehandhabt, während man über Fallfehler, falsche Übereinstimmungen und ähnliche gravierende Schlampereien getrost hinwegsieht. Ja, es stimmt: *Evakuiert* wird streng genommen ein Haus, ein Gebiet, indem man es von Bewohnern räumt. Der Duden erlaubt freilich auch – und wie uns erscheint, zu Recht –, dass Bewohner evakuiert werden. Warum wollen so viele Schreiberlinge also in dieser Frage päpstlicher als der Papst sein?

„Frau Holle auf Tauchstation" titelte jüngst „Die Presse", den Schneemangel beklagend. Ein hübsches Bild, das man sich konkret ausmalen muss. Bisher dachten wir ja kindlich-naiv, dass die liebe Frau Holle im Himmel wohnt, auf einer Wolke. Aber dass sie sich unter uns befindet, und zwar nicht mitten unter, sondern im wörtlichen Sinn unter uns – wer hätte das gedacht? Eine Märchenwelt bricht zusammen!

Nach dem dramatischen Hurrikan in New Orleans schrieb eine Zeitung: „Das Zentralproblem der Stadt ist seine geografische Lage am Mississippi." Klar, die Stadt hatte damals andere Sorgen als grammatikalische – weiblich bleibt sie trotzdem, auch nach Katrina. Womit es „ihre" Lage heißen muss.

Ein Dorn im Auge ist auch folgende weitverbreitete (geografische oder lexikalische?) Bildungslücke: der Sporn Italiens. Kaum einer kennt ihn, den Namen für den *Gargano*. Obwohl er doch so logisch ist. Stiefel, Absatz, Sporn. Mehrzahl: Sporen. Man gibt einem Pferd die Sporen, spornt es an. Ansporn. (Fragt sich nur noch, ob eine Lücke weitverbreitet sein kann.)

Nun zu Geschlechtlichem – bei Ländernamen: Seit Menschengedenken heißt es der Iran, Irak et cetera, die Türkei, Schweiz et cetera und (das) Italien, Österreich et cetera, wobei das „das" bei den Namen mit sächlichem Geschlecht nicht angeführt wird.

Offenbar im Bestreben, innovativ zu sein, haben es sich nun einige Schreiber zur Gewohnheit gemacht, auch bei den Staatsnamen mit männlichem Geschlecht die Artikel wegzulassen. Zum Beispiel: „Im Juni haben in Iran die Preise der Gurken stark angezogen, in Irak die der Karotten ..." Und die Rüben verstehen nicht, dass sie damit eine Geschlechtsumwandlung verursachen.

Vorsicht bei rosarem Fleisch!

Die Welt der Farben, in aller Munde

Das *Gelbste vom Ei* wird uns in einem Tourismusprospekt in Aussicht gestellt. Typisch! Werbetexter tragen nun einmal gern dick auf und versprechen häufig das *Blaueste vom Himmel*. Farben werden hoch und höher gesteigert – obwohl dies nur in bestimmten Fällen erlaubt ist. Handelt es sich einfach um eine verspielt-wolkige Überhöhung? Tja, manchmal muss man auf die farbliche Steigerung eben verzichten.

Auch inhaltlich hinkt das eingangs zitierte Beispiel: Zumeist verfügt ein Ei ja über nur ein Eigelb; die farblichen Nuancen desselben sind beschränkt. Eigelb, eigelber, am eigelbsten? Da kann schon eher der Himmel verschiedene Schattierungen von blau aufweisen. Was wir jedes Wochenende feststellen, wenn wir *ins Grünste* fahren. Mal grünt es mehr, mal weniger. Je nach Jahreszeit.

Für die kommende Saison lautet das Motto aber ganz klar: „Je grüner, je besser!", wie uns die Zeitschriften informieren. (Je … je … – oje! Damit wollen wir uns jedoch andernorts befassen.) Dazu der Text aus einem Modemagazin: „Jede einzelne der Grün-Nuancen färbt nun aufs Modebewusstsein ab … Auch die Mode ist auf den grünen Zweig gekommen. Das Motto ‚Es grünt so grün' gilt für Business-Women genauso wie für Glamour-Girls und Sportskanonen. Wer vorher bloß einen grünen Daumen hatte, passt sich jetzt dem Trend von Kopf bis Fuß an. Entsprechende Accessoires verleihen Greenhorns den letzten Schliff."

Hat der Verfasser irgendein Grün-Bonmot ausgelassen? Warum sind vor allem Werbe- und Modetexte immer so vollgepackt mit abgedroschenen Formulierungen? „Grünes Licht für Rotstift", titelt – ebenso fröhlich – eine Zeitung. Ist es Absicht oder Unachtsamkeit? Man kann mit (farbenfrohen) Bildern und Metaphern auch übertreiben. Gerade bei Überschriften, Bildtexten und Ähnlichem passiert dies häufig, da der/die Redakteur/in aus Platzmangel zur kurzen, pointierten Formulierung gezwungen ist.

Es kann also gar nicht grün genug sein. Aber grüner? „Für einen diesbezüglichen Seitenhieb wäre ich Ihnen am grünsten", schreibt ein Leser. Als Autorin wünscht man sich natürlich *immergrüne* Leser – aber wir wollen nicht päpstlicher als der Duden sein. „Inges Kleid ist röter als Renates Bluse", schreibt der etwa. Oder führt folgende Beispiele an: „Das Meer wirkt noch blauer als am Vortag." – „Das ist der schwärzeste Undank."

Nicht steigern darf man jedoch Farbadjektive à la lila, beige, orange, ecru, chamois. Fremdsprachig abstammende Wörter wie diese, die – fallweise auch nur phonetisch – auf Vokale enden, müssen generell mit Glacéhandschuhen angefasst werden. Sie können weder gesteigert noch direkt gebeugt werden. Ein *orangenes* Taxi oder ein *rosares* Blatt – brrr!

Onkel Otto wurde es schnell zu bunt, wenn die Leute mit Farben ihr Unwesen trieben. Als etwa eine Zeitung schrieb, dass „auf den Straßen *orange* Männer Laub saugen". Und wehe, die Nichte wünschte sich eine *beigene* Hose! Da hatte sie schon verspielt …

Auch bei *rosarem* Fleisch muss man bekanntlich vorsichtig sein – nicht nur in grammatikalischer Hinsicht. Daran hat sich schon mancher die Zähne ausgebissen. In diesen Fällen muss man sich mit dem Suffix *-farben* behelfen.

Zartlilafarben Geschriebenes auf beige- oder ecrufarbenem Papier kann zwar farblos sein, aber sprachlich wenigstens wäre dagegen nichts einzuwenden.

Die auf Konsonanten endenden Bezeichnungen von Farben (weiß, golden, schwarz et cetera) kann man indes abwandeln wie andere deutsche Eigenschaftswörter, etwa: ein weißer Rabe, ein schwarzes Schaf, ein goldener Becher. Das gleiche gilt für den Zwielaut „au", wie uns der (zweifach) blaue autolenkende Mandatar und die graue Maus vor Augen führen.

„Mein Kühlschrank wird mau und mauer", klagte kürzlich gar eine Freundin. Mau hat man sich ja selber schon gelegentlich gefühlt, aber *mauer*? Da können selbst Schwachmatiker noch dazulernen, für welche *Mauer* bisher nur ein Substantiv war.

Doch zurück zu den Farben und deren (Ab-)Wandelbarkeit: Onkel Otto – wer sonst? – zitierte gern Schiller, wo über die Farbe des Purpur nachzulesen ist: „… und er verbirgt der Tränen stürzenden Quell in des Mantels *purpurnen* Falten." Wie bitterlich hätte das in Rede stehende gekrönte Haupt wohl über die gegenwärtig so gängigen *orangenen, lilaren, beigenen* und dergleichen „Habitusse" geweint. So farbenfroh und *schillernd* die Welt auch ist, so farbentraurig kann der Sprachliebhaber manchmal werden …

Besondere Beachtung verdienen übrigens auch die zusammengesetzten Farbadjektiva: knallrot, hellgrün, dottergelb – oder kaffeebraun. Sie können zwar normal gebeugt, aber nicht gesteigert werden.

Gerade bei *kaffeebraun* erscheint dies – inhaltlich – unlogisch, wenn man die vielen Farbnuancen von Kaffee bedenkt. Da muss man dann eben auf andere Weise differenzieren: So kaufte ich beispielsweise letzten Sommer eine

Hose in „Espresso". Da weiß man genau, woran man ist. Milchkaffee, Latte, Macchiato. Wie wunderbar: Mit der Erweiterung des Angebots an Kaffeespezialitäten in jüngster Zeit stehen nun auch viel mehr Brauntöne zur Wahl. Vorbei die Zeiten, als man sich mit *kackbraun* behelfen musste.

Bei manchen Leuten mutet es ja fast wie eine Krankheit an, dass sie Farbadjektive prinzipiell nur zusammengesetzt verwenden. Für sie existiert kein schlichtes Grün, Gelb oder Rot. Apfel-, speib- oder giftgrün muss es sein, pissgelb oder rabenschwarz. Zwetschkenblau, blütenweiß, kirschrot.

Die Natur liefert jede Menge Vergleichsmöglichkeiten. Nur wenn sich allzu viel Fäkal- und Körpersprache einschleicht, ist man geneigt, ein farbspezifisches Tourettesyndrom zu diagnostizieren. Der Hang zum Gebrauch vulgärer Wörter, häufig feststellbar.

Ob Onkel Otto, der Arzt, dagegen ein Mittel gewusst hätte? Wohl kaum – war er doch selber für diese Krankheit anfällig. Aber das ist eher ein Fall für die Psychologen als für Mediziner und Linguisten …

Wellness & Wohlergehen

… im Urlaub oder beim Arzt

Gesundheit wird allgemein groß geschrieben, nicht erst seit der Rechtschreibreform. Der moderne Mensch setzt auf Vorsorge, Fitness, Entspannung. Nichts soll das Wohlbefinden trüben. Auch unser Sprach-Befinden wollen wir durch nichts stören lassen. Apropos *Befinden*: Dieses wird neuerdings im Sprachgebrauch allzu gern durch *Befindlichkeit* ersetzt. Unnötigerweise (befinde ich persönlich).

Der Duden definiert die hochtrabende *Befindlichkeit* als „seelischen Zustand", *Befinden* indes als „körperlich-seelische Verfassung". Überflüssige Spitzbefindlichkeiten?

Es gibt offensichtlich eine Tendenz, auf den Gebrauch des ursprünglichen Hauptwortes zu verzichten und statt dessen Wörter zu verwenden, die vom Eigenschaftswort abgeleitet sind. Einige Beispiele: Demütigkeit statt Demut, Verantwortlichkeit, Boshaftigkeit, Vorsichtigkeit, Fleißigkeit, Leichtsinnigkeit, Sinnhaftigkeit, Enttäuschtheit, Witzigkeit, Vernünftigkeit, Ohnmächtigkeit, Widerwilligkeit … Was wir mit Widerwillen quittieren!

Nicht nur das Befinden ist so ziemlich ausgestorben, sondern auch das *Wohlbefinden* – auf deutsch. Modern sagt man *Wellness*. Nachzulesen in Kur-, Kursprospekten und Ähnlichem. Englisch ist's halt immer viel cooler.

So gab etwa die Zeitschrift „News" kürzlich Tipps, wie man beim Altwerden (optisch) jung bleibt. Unter anderem sei es ratsam, konsequentes *Dinner-Cancelling* zu betreiben. Etwas weniger gespreizt ausgedrückt – freilich viel langweiliger – würde das heißen: Man verzichtet aufs

Abendessen. Das ist dann aber weder hip noch hype noch sonst irgendwie besonders bemerkenswert.

„Der Tiroler Wohlfühlfaktor ist hier auf der nach oben offenen Behaglichkeits-Skala unbegrenzt." Zu viel ist zu viel. Nichts gegen ausgedehnten Urlaub und Entspannung, aber von der verbalen Anhäufung von *Wellness, Relaxen & Co.* haben wir die Nase voll. Der *Wohlfühlfaktor* ist ein Unwort, die *Behaglichkeits-Skala* ebenso. (Warum Ersterer durchgeschrieben und Letztere gekoppelt wird, ist ohnehin unverständlich.)

Der zitierte Satz stammt aus dem schwärmerischen Text eines deutschen Fernsehjournalisten über Serfaus. Inhaltlich danke für das Kompliment, sprachlich – nein, danke! Warum, bitte, muss immer alles so überkandidelt sein?

Zwecks Wortschatz-Erweiterung lohnt es sich auch, einmal in eines jener hypermodernen Thermalbäder zu gehen, die alle Stückeln spielen. Da gibt es *Bodenblubber, Whirlliegen, Nackendüsen* und vieles mehr zu entdecken.

Urlaubszeit, Reisezeit. Was liegt näher, als in *ein Eldorado* für verliebte Paare zu fahren, wie es eine Zeitschrift empfiehlt? Das einzige, was dagegen spricht, ist ein sprachliches Argument: Ein Eldorado ist ein Unsinn. Wozu braucht ein *Dorado* zwei Artikel, ein und el? Es braucht sie eben nicht. Spanisch klingt's auch so.

Um bis ins hohe Alter den Urlaub genießen zu können, ist die medizinische Vorsorge wichtig. Aber: „Nur jede zweite Frau sucht ärztliche Hilfe auf", heißt es in einer Broschüre. Zu wenige Arztbesuche, zu viel des Guten in der Ausdrucksweise. Denn man kann nur entweder ärztliche *Hilfe suchen* oder einen *Arzt aufsuchen.* Ein winziger Unterschied, zugegeben. Aber wir sind schließlich dazu da, um pingelig zu sein.

„Kampf gegen *Geisel* der Menschheit", titelte eine Zeitung im Zusammenhang mit Diabetes. Aber es hat ja nicht die Krankheit die Menschen in Geiselhaft genommen, sondern *geißelt*, plagt diese. Ein anderes Blatt wiederum vermerkt zum Thema Leukämie: „Zwischen erhöhter Strahlung und dem Ausbruch bestimmter Erkrankungen können bis heute nur vage Aussagen getroffen werden." Vage bleibt da auch das inhaltliche Verstehen. Es krankt am sprachlichen Zusammenhang.

Manchmal ist ein Krankenhaus-Aufenthalt unvermeidlich. Bei einem solchen wurde meine Mutter von einem Arzt als *Bettschönheit* bezeichnet. Wie einschlägige Recherchen ergaben, handelt es sich dabei in Fachkreisen um einen Terminus technicus.

Mit diesem wird eine Person bezeichnet, die selbst im Bett (oder gerade in demselben?) gut aussieht, ohne dass sie dafür Schminke oder modischen Firlefanz braucht. Mir war der Ausdruck nicht bekannt, nur ähnliche zusammengesetzte Hauptwörter, die ebenso amüsant klingen, wie *Sitzzwerg, Tagesdecke* oder *Staubmantel*.

Meine Mutter machte mich nun auch noch mit dem *Stehmanikürer* bekannt, der freilich auf ihrem Mist gewachsen und keinem breiten Publikum geläufig sein dürfte: ein Mensch, der sich – wie schon der Name sagt – im Stehen maniküřt und wohl das Pendant zum *Sitzpediküřer* darstellt. Denn wie, bitte, soll man letzteres im Stehen erledigen?

Um nochmals auf meine Mutter zurückzukommen: Aufgrund eines Liegegipses ist ihr eine Stehmaniküre derzeit leider unmöglich. Bevor sie am Knöchel operiert wurde, machte uns der Arzt übrigens darauf aufmerksam, dass es noch eine Weile dauern könnte, bis der OP frei sei, denn

„es schwebt noch ein akuter Bauch im Raum". Ich konnte selbigen jedoch nirgends entdecken …

Missverständlich ist auch der strenge Hinweis auf einer Tafel in der Auslage einer Apotheke: „Der Verzehr von Lebensmitteln ist untersagt." Ein weiser Ratschlag von Pharmazeuten und Medizinern, den Gesundheitsbewusste beherzigen sollten? Oder eine Verhaltensregel, die nur innerhalb jener Apotheke zu befolgen ist?

Zur Wellness gehört auch Sport. Gymnastik. Oder gar *Beckenboden-Schnupperstunden,* wie sie neuerdings in unserem Turnverein angeboten werden? Nur, wer will schon an einem Beckenboden schnuppern? Das erinnert ein bisschen an jenen alten Schlager, in dem es heißt: „Lass mich von deinem Badewasser schlürfen!" Natürlich nur die, die immer gleich „schlecht" denken. Qui *male* y pense …

Oder wie wär's mit *Bungee-Jumping & Abseiling*? Für diese halsbrecherischen Sportarten wirbt ein Plakat in der Londoner U-Bahn. Die Hüter der deutschen Sprache können aufatmen. Denn diesmal dringt ausnahmsweise einmal nicht die englische Sprache in die deutsche ein, sondern umgekehrt.

In einer Juwelierauslage wiederum wurde via Plakat die *Woche des Ohrlochschießens* ausgerufen. Nicht nur reißt es einen beim Gedanken an diese schmerzhafte Angelegenheit; auch der Sprachnerv wird empfindlich getroffen.

Und ein brasilianischer Freund schwärmte von einer *Brüstenmassage mit roten Algen*, die er sich in einem österreichischen Wellness-Hotel habe angedeihen lassen. An sich spricht er fließend Deutsch, aber hier wollte er sich wohl über Gebühr brüsten – wo es doch bloß eine Bürstenmassage war …

Ob Sie vielleicht ein Zigarettchen für mich hätten?

Verniedlichung und Verharmlosung in der Sprache, Bescheidenheit als falsche Zier

„Da kommt mir die Idee: Ob Sie vielleicht ein *Zigarettchen* für mich hätten?" – „Nur *Zigaretten*", sagte Marlene ... „Ich hab' nur richtige Zigaretten, keine kleinen." – „Na und? Ich habe richtige Zigaretten gemeint", sagte Iris, „... ich rauche ja nur sehr, sehr selten. Vielleicht sag' ich deshalb Zigarettchen."

Zu Recht (wie wir finden) stößt sich die deutsche Schriftstellerin Gabriele Wohmann (in ihrem Roman „Ach wie gut, dass niemand weiß") an der Verkleinerungsform *Zigarettchen* – oder, wie man bei uns in Österreich vielleicht sagen würde, *Zigaretterl*. „Es geht um Sprache, Sprachgebrauch ... Wer ‚Zigarettchen' sagt, will immer den ganzen Vorgang verniedlichen", schreibt sie weiter.

Dies sollte man sich bei hemmungsloser Völlerei immer vor Augen halten. Das berühmte *Glaserl* Wein beispielsweise trägt diese Bezeichnung ja oft völlig zu Unrecht.

Auch mag das einzelne Vanillekipferl in der Weihnachtszeit tatsächlich klein sein – *Variatio Vanillekipferlensis* je nach Bäcker(in) –, aber in Summe gipfeln die Kipfeln natürlich häufig in dem Esser keineswegs bewussten Höhen.

„Die Dosis macht das Gift", pflegte Onkel Otto zu sagen. Und ärgerte sich, wenn seine beleibten Schwestern ein ums andere *Gustostückerl* nachverlangten. Die vermeintlichen *Häppchen* läppern sich schließlich.

Auch wenn die Freundin im Wirtshaus ein gebackenes *Leberchen* bestellt (oder ein *Schnitzerl*, das jeder Verniedlichung spottet – ebenso wie sie selbst). Und das *Leberkässemmerl* wird durch seine putzige Endung nicht weniger fett.

Der Verehrer wollte seinerzeit immer im Café ein „*Melangerl* schlürfen". Er konnte aber nicht nur vom Kaffee nicht genug kriegen.

Aber lasst uns nicht zu strenge sein, wenn die Leute über die Stränge schlagen. Bis sie dann irgendwann eine Monsterdiät beginnen, die keineswegs in der Verniedlichungsform daherkommt – der Erfolg ist jedoch häufig umgekehrt proportional. Sosehr bei der Nahrungsaufnahme tiefgestapelt wird, so hochtrabend wird deren Gegenteil gern umschrieben …

Gerade die Österreicher lieben ja Diminutivformen auf -erl – und ebenso die damit bezeichneten Dinge, Tiere, Menschen: Weckerl, Schachterl, Bankerl, Haserl, Mäderl. Dies dürfte wohl auch eine Rolle gespielt haben, als der – wenig feinfühlige – Arzt dem Patienten die rhetorische Frage stellte: „Ob das nicht doch ein *kleiner Krebserl* ist?"

Bewusste Untertreibung – oder deren Gegenteil. Interessant sind in diesem Zusammenhang auch die *Gerösteten Knödel mit Ei*, wie sie sich auf den Speisekarten vieler Wirtshäuser finden. Gesprochen – geknödelt, verschluckt – rollen sie meist als *grös'te Knödel* aus dem Mund des Sprechers. Zu Recht: Denn üblicherweise machen die Riesenknödel dem akustischen Superlativ alle Ehre – als ob sie *größte* Knödel wären.

Die *kleinsten* (uns bekannten) Knödel gibt es indes im Wiener Café Prückel. Erklärtes Lieblingsgericht dort: die „fein gebundene Hühnersuppe mit viel Gemüse und Bröselknöderln". Letztere sind freilich – leider! – mit der Lupe zu suchen. Und als die Suche im Suppenteller neulich ab dem ersten Knöderl nur noch wenig erfolgversprechend wirkte, war doch ein Griff zur Speisekarte vonnöten.

„Mit Knöderl" oder „mit Knöderl*n*"? Plural, juhu! Und wirklich: Es tauchte noch ein zweites *Zwutschkerl* in der Suppe auf.

Wer würde da nicht an das Wienerlied denken: „Warum spielt bei die *Schinkenfleckerl* alleweil das Fleisch Verstecker!?" Trotzdem lieben wir sie, die Schinkenfleckerln, die *Bröselknöderln*. Und das Café Prückel erst recht – damit hier nur kein falscher Eindruck entsteht.

Zugegeben: Uns treibt in diesem Fall echte Unbescheidenheit. Nicht die übliche falsche Bescheidenheit. Diese ist mit einer anderen Krankheit verwandt, die neben dem zunehmenden Abnehmwahn ebenfalls stark verbreitet ist: die *chronische Konjunktivitis*. Wie die Zigarettchen, Glaserln und Semmerln dient der übermäßige Gebrauch des Konjunktivs der Verharmlosung und Verniedlichung.

Etwa die Bestellung im Restaurant: „Ich hätte gern ein Schnitzerl gehabt." Da wird aus lauter Höflichkeit sogar zum Konjunktiv der Vergangenheit gegriffen. Einer Erfüllung des Wunsches in der Gegenwart steht zwar nichts im Wege, aber umgangssprachlich drückt man sich eben gern so aus.

Lauter Umschreibungen: Ich *würde* meinen, ich *würde* sagen, ich *würde* vorschlagen. Warum rücken wir mit unserer Meinung oft so zaghaft heraus, statt mit dem Indikativ auf den Tisch zu hauen? Lieber windet man sich ein bisschen.

Ich muss mit dir noch ein *Hühnchen* rupfen, hast du ein *Momenterl* Zeit? Klar, es ist bloß eine Redensart – von unserer Putzfrau übrigens zu „ein Hörnchen rupfen" umgewan-

delt –, aber in Wirklichkeit handelt es sich bei dem Hühnchen meist um einen ausgewachsenen Truthahn, und das
Momenterl wird bei weitem nicht ausreichen, um das Problem aus der Welt zu schaffen. Da werden die Köpfe rau-
chen, da wird sich das eine oder andere Melangerl bzw.
Zigaretterl ausgehen.

Auch Einfalt hat seine Reize

Übereinstimmungen und Überkeinstimmungen

„Als Österreicher schmeckt Sauerkraut auch nicht besser." Ein Zeitungstitel, der zweifellos ins Auge springt und zum Lesen anregt. Zugleich bereitet er Kopfzerbrechen: Subjekt des Satzes, auf welches sich das *als* grammatikalisch bezieht, ist eindeutig das Sauerkraut. Wurde es etwa eingebürgert?

Schließlich ging es in dem Artikel um Einbürgerungen und damit verbundene Hürden, wie etwa Sprachprüfungen. Auch für die Zeitungsleser ist es eine harte Prüfung, wenn sich so viele Fehler einbürgern! Richtig müsste es heißen: Als Österreicher schmeckt *einem* Sauerkraut auch nicht besser. Oder: Einem Österreicher ... Oder: Als Österreicher mag man Sauerkraut auch nicht lieber.

Was ist Subjekt, was Objekt? Dritter oder vierter Fall, dem oder den? Seine oder ihre? Die Fragen – Wer mit wem? Was bezieht sich worauf? Welche Satzteile müssen aufeinander abgestimmt werden? – stellen häufig auch Muttersprachler vor Probleme. Viele Satzgefüge weisen höchst komplexe „Beziehungsstrukturen" auf. Und schon ist man in die Falle getappt.

Weiteres Beispiel gefällig? „Schützen Sie Ihre Katze gegen XY, *einer* der häufigsten Erkrankungen." Sätze wie dieser gehören zu den häufigsten Sprachverfehlungen, gegen die man sich schützen sollte. *Gegen* verlangt den vierten Fall, somit muss auch die Apposition, also der Zusatz, im Akkusativ stehen: gegen XY, *eine* der häufigsten Erkrankungen. Das gleiche gilt für: „Albert T. arbeitet für XY, *dem* derzeit größten Pharmakonzern der Welt." *Den* derzeit größten … muss es heißen, denn auch *für* schreit nach dem vierten Fall.

„Sie hörten die Sonntagsmatinee, in *dessen* Mittelpunkt … stand", hieß es im Radio. Die Sonntagsmatinee ist freilich weiblich und verlangt ein *deren*. Wenigstens die Musik war schön in der Sonntagsmatinee … Oder: „Ein Service der Landeshauptstadt Klagenfurt für *seine* Gäste." Wieso werden den weiblichen Wörtern so gern männliche Possessivpronomen verpasst? Auch „die tibetische Antilope wird wegen *seiner* begehrten Wolle allmählich ausgerottet". Tja, was leider nicht so schnell auszurotten ist, sind Fehler dieser Art!

Manchmal sind sie ja sogar fast liebenswert: „Alle Jahre wieder – ein paar Zeilen zum Fest", schreibt der Chef eines charmanten Hotels in der Semmeringgegend, wohin er die Gäste locken will: „Auch die Einfalt hat *seine* Reize …" Ob er sich der Selbstironie bewusst war? „Sie suchen ein Geschenk zum geniesen und entspannnen? Ein Gutschein …!" Was beim „Geniesen" fehlt, wird wahrscheinlich durch das dritte N beim „Entspannnen" wettgemacht.

Weihnachtliche Grüße auch via Radio: „Frohe Weihnachten ‚an alle von 88.6, der Musiksender'", tönte es durch den Äther. *Dem,* zischt man da besserwisserisch in Richtung Radio. Na ja, beschwichtigt der Sohn, „88.6, der Musiksender", das ist halt der Name, den man nicht abwandeln muss. Aber unsereins schreibt ja auch nicht: „Bla bla bla", sagte XY zu „Die Presse", sondern: „…", sagte XY *der* „Presse".

Auch auf dem Wasser kann man Erholung suchen. Aber leider: „*Keiner* meiner Frauen hat sich für Segeln interessiert." Der Mann, der da im Fernsehen zu Wort kam, hat zwar schon mehrere Frauen hinter sich, missachtet aber leider immer noch zumindest deren grammatikalisches Geschlecht. „*Keine* (ohne r!) meiner Frauen" müsste es heißen.

Von einem „Gehalts-Sieg der Frau" berichtete unterdessen eine Zeitung. Und formulierte folgende Schlagzeile: „Der OGH verschaffte einer Angestellten den gleich hohen Bezug ihres Kollegen." Jetzt fragt man sich zu Recht, wem das nützen soll. *Sie* gewinnt nichts, und *er* heult auf. Logisch, wenn man ihm den Bezug wegnimmt (der gleich hoch ist wie ihrer). Da wäre es schon besser gewesen, den Bezug der Frau an den des Mannes anzugleichen.

Zum Abschluss einige „Mustersätze" zur Illustration: „Nicht nur als Patriot schlug sein Herz für Pat Rafter, *dem* ersten Australier seit Pat Cash." – „Denn ohne Brevet, *dem* ‚Tauch-Führerschein', bekommt man weder Ausrüstung noch Luftflasche." – „Arantxa Sanchez-Vicario ließ sich durch Barcelona kutschieren, um anschließend ihrem Geliebten Juan Vehils, *ein* spanischer Sportjournalist, das Ja-Wort zu geben." Unsereins möchte angesichts dessen kein romantisches „ja" säuseln, sondern laut „nein" schreien!

Ein Magazin empfiehlt unterdessen einen „Streifzug durch die französische Ardèche, *dem* Königreich der Maroni". Non merci! Die Beifügung muss im gleichen Fall stehen wie die Ardèche, also im Akkusativ: durch *das* Königreich. Und „die Türkei betrachtet sich mit *seiner* 50-jährigen Nato-Mitgliedschaft als eine Säule des atlantischen Bündnisses".

„Anlässlich der Eröffnung dieser Ausstellung lud ‚Die Presse' *seine* Leser zur ‚Preview' ins Museum." Schrieb (leider) ebendiese. Da die Zeitung weiblich ist, hätte es *ihre* Leser heißen müssen. Erstaunlich, dass die Übereinstimmung des grammatikalischen Geschlechts so schwierig ist!

Siehe auch folgenden Satz: „Anstrengung hat im Spitzensport *seine* Berechtigung." Auch die Anstrengung ist *weiblich*!

„Nie vorher und nie nachher war eine österreichische TV-Serie in der Lage, das ganze Land in *seinen* Bann zu ziehen." Längst haben wir vergessen, um welche Serie es sich handelte; der Satz hat uns jedoch in *seinen* Bann gezogen. In diesem Fall zu Recht, da der Satz maskulin ist. *Die* Fernsehserie indes kann bestenfalls in *ihren* Bann ziehen.

„*Einer* der wenigen Ausnahmen, das ein Jahre alte ‚Le Bol' am Neuen Markt in der City hat nun eine Schwester bekommen." Dieser Satz ist wahrlich eine Fundgrube. Was man *nicht* findet, aber finden sollte, ist ein Beistrich nach „City", da es sich bei „Le Bol ..." um eine Apposition handelt: *ein* Beispiel für die wenigen Ausnahmen. Wobei die Ausnahme grammatikalisch ebenso weiblich wie die Schwester ist: „*eine* der wenigen Ausnahmen" müsste es also heißen. Andererseits: Warum spricht man bei einem Lokal mit einem männlichen Namen von einer *Schwester?* Aber das nur unter Brüdern gefragt ... Und weil noch nicht genug sprachgespalten wurde: Le Bol mag *ein Jahr* alt sein oder *mehrere Jahre*, aber *ein Jahre?* Ja, ja, das ist sicher nur ein flüchtiger Tippfehler gewesen, aber wir können ihn dennoch nicht unerwähnt lassen!

Die Liste ist endlos, täglich finden sich neue Beispiele. Aber wir wollen es dabei bewenden lassen. „Es nützt ja doch nichts", hätte Onkel Otto gesagt, der uns manchmal Zeitungsausschnitte vorlegte und die darin enthaltenen Fehler suchen ließ. Für die richtige „Auflösung" gab es eine Prämie ...

Neger mit Zöpfen, Frau ohne Schatten

Political correctness – und mögliche unerwünschte Neben-wirkungen

Politisch korrekt gibt sich der Duden in einer seiner neu-esten Ausgaben. So wird in eigenen Kästchen darauf hin-gewiesen, dass bestimmte Wörter, wie etwa *Neger* oder *Zigeuner*, „heute von vielen Menschen als diskriminierend empfunden werden. Alternative Bezeichnungen sind ... Vermieden werden sollten auch Zusammensetzungen mit Neger wie Negerkuss; stattdessen verwendet man besser Schokokuss."

So weit, so gut. Wenn auch nicht neu. Es kommt ja im 21. Jahrhundert durchaus nicht überraschend, dass *Neger* oder *Zigeuner* als diskriminierend empfunden und daher vermieden werden sollten. Seit Jahren schon wird unser Leben von *political correctness* begleitet. Das ist gut – und in den meisten Fällen begründet.

Was ist jedoch – gerade vor dem Hintergrund des „Gehört sich" – davon zu halten, dass der Duden, zwar einerseits mahnend den Zeigefinger erhebt, doch anderer-seits neue Wörter wie etwa *Saftschubse* aufnimmt? Gemeint ist die *Stewardess*, die *Flugbegleiterin*, wobei – anders als bei diesen beiden geläufigen Bezeichnungen – die Saftschubse nur in der weiblichen Form auftaucht. Wo sind die Män-ner geblieben, die die Getränke durchs Flugzeug schubsen?

Nun wird durchaus eingeräumt, dass der Ausdruck *Saft-schubse* umgangssprachlich abwertend sei, aber wo, bitte, bleibt das Kästchen mit dem Hinweis, dass die Betroffenen diese Bezeichnung vielleicht als diskriminierend empfinden? Wäre ich Stewardess, ich würde mich bedanken! Bedanken können sich übrigens auch *Erbsenzählerinnen.* Sie nämlich sind erstmals auch in der weiblichen Form vertreten.

Dass man es mit *political correctness* auch übertreiben kann, zeigt ein anschauliches Beispiel aus der „Los Angeles Times". Der Musikkritiker der Zeitung hatte die Richard-Strauss-Oper „Die Frau ohne Schatten" in seiner Besprechung als „einen unvergleichlich prächtigen, verrückten lebensbejahenden Lobgesang" bezeichnet. *Pro life* in der ursprünglichen Bedeutung: *lebensbejahend.*

Seit einiger Zeit jedoch haben in Amerika die erbitterten Gegner der Abtreibung *pro life (für das Leben)* zu ihrem ureigenen Motto gemacht. Prompt änderte ein eifriger Redakteur der „LA Times" den Begriff *pro life* in der Kritik denn auch auf *anti abortion* ab, sodass man in der gedruckten Ausgabe der Zeitung ausgerechnet über „Die Frau ohne Schatten" lesen konnte/musste: „ein ... Lobgesang gegen die Abtreibung".

Der „vergewaltigte" Kritiker reagierte natürlich ebenso empört wie die Musikliebhaber unter den Lesern, und die Zeitung musste sich mittels einer prominent platzierten Korrektur Asche aufs Haupt streuen.

Andererseits gibt es Leute, die nennen besonders starken Kaffee ohne sichtbare Skrupel *Negerschweiß.* Nicht nur dem politisch korrekten Amerikaner stellt es da die Haare auf. Andere wiederum machen nicht die sprichwörtlichen *Nägel mit Köpfen,* sondern spaßhalber *Neger mit Zöpfen.* Nun ja. Was für eine Art von Humor ist es, wenn man trotzdem lacht?

Wo fängt *political correctness* an, und wo hört sie auf? Diese Frage stellte man sich auch in Berlin, wo die Volksbühne den „Kampf des Negers und der Hunde" von Bernard-Marie Koltès aufführte. Nicht erst als das Theater den Namen zur Premiere auf dem Banner auf *Neger* zurecht-stutzte (wie etwa bei anderen Stücken auf *Idiot* oder *Murx*), gab es heftige Proteste der „Initiative Schwarze Deutsche".

Schließlich wurde der Titel auf dem Banner vervollstän-digt, nicht jedoch das Wort *Neger* durch *Schwarzer* ersetzt, wie es etwa in den USA längst geschehen ist („Battle of Black and Dog"). „Kann man diskriminierende Wörter nichtdiskriminierend verwenden?", fragte die „Berliner Zeitung" und sprach der Volksbühne das Recht zu, den „Originaltitel des zwanzig Jahre alten Stücks beizubehal-ten – weil es eben zur Geschichte des Wortes *Neger* gehört. So, wie eines Tages hoffentlich auch die Verwendung des kränkenden Wortes Geschichte ist. Es gibt Gründe, in der Gegenwart anzukommen."

In der Gegenwart anzukommen bedeutet zugleich, gewisse Produkte und Speisen im heutigen Angebot zeit-gemäß zu benennen. *Negerbrot* etwa, jene knabber-knusp-rige Schokolade, *Negerküsse* (vergleichbar den Schweden-bomben, deren Name ebenfalls ominös erscheint), *Mohr im Hemd* oder *Indianer mit Schlag*. Kreativität ist gefragt. Wenn man freilich auf einer Speisekarte ein *Romaschnitzel* findet, braucht es eine Weile, bis klar wird, dass es sich um das frühere, feurig gewürzte *Zigeunerschnitzel* handelt.

Liebe Mitglieder und Mitgliederinnen!

Über den geschlechtergerechten Gebrauch von Sprache

„Der Lehrer", „die Wähler", der „Mann von der Straße" – Frauen fühlen sich vielfach übergangen, wenn sie sprachlich nicht explizit angesprochen werden. Die Sprache hinke der Realität oft hinten nach, wird zu Recht kritisiert. „Über mögliche unerwünschte Wirkungen informieren Arzt oder Apotheker" – wie wenn es in diesen Berufsgruppen keine Frauen gäbe!

Wachsamkeit ist angebracht. Deshalb wurden schon vor Jahren vom österreichischen Frauenministerium „Richtlinien für den geschlechtergerechten Gebrauch" von Sprache herausgegeben, die zur Sensibilität mahnen. Soweit die Theorie, zu der es auch reichlich Fachliteratur gibt. In der Praxis aber stößt man an Grenzen, und die betont zur Schau gestellte Rücksichtnahme lässt sich auch übertreiben.

Wenn man jedesmal von *Leserinnen und Lesern* spricht, ist dies – gesprochen wie geschrieben – reichlich unökonomisch, braucht kostbare(n) Zeit und Platz. Und das sogenannte Binnen-I à la *LeserInnen* ist vielen ein Dorn im Auge, während Feministinnen darauf schwören.

Aber auch für prinzipielle BefürworterInnen wird's manchmal absurd: „Der WählerInnenschwund bei den Frauen fand bei weitem nicht in dem Ausmaß statt wie bei den Männern", schrieb die Zeitschrift „Fe.mail". Wozu bitte bei einer Aussage, die inhaltlich zwischen den Geschlechtern unterscheidet, das Binnen-I, das sprachlich genau das Gegenteil bezweckt?

149

Originell im umgekehrten Sinn ist folgende Formulierung: „Sozialministerin S. hat bereits die dritte Pressesprecherin; deren Vorgänger war nach einem Tag wieder weg."

Gehe ich recht in der Annahme, dass der Vorgänger eine Frau gewesen sein muss und daher ruhig als Vorgängerin hätte bezeichnet werden können? Oder war der „Vorgänger" tatsächlich ein Mann? Wieso dann „dritte Pressesprecherin"?

„Küchengehilfe (weiblich) gesucht", so der Text eines Stellenangebots, plakatiert auf dem Fenster eines Wiener Gasthauses. Oft ist es ja schwierig, die weibliche (oder auch die männliche) Form einer Berufsbezeichnung zu finden, aber gerade hier würde sich doch wirklich die *Küchengehilfin* anbieten. Von Geschlechtsneutralität einmal abgesehen.

Meistens ist es ja nur gut gemeint. Wenn einer etwa das versammelte Publikum mit *Liebe Mitglieder und Mitgliederinnen* anspricht. Oder Studenten und Studentinnen mit *Liebe Studierende und Studierende* tituliert. Der misslungene Versuch von geschlechtergerechtem Sprechen. Political Correctness will eben gelernt sein!

An ihr mangelt es noch, wenn in der Medien- und der Modebranche von dem einen oder anderen *Zickenkrieg* die Rede ist. Wenn zwei Frauen streiten, freut sich der Dritte ganz besonders! Üblicherweise ein Mann. Weil es quasi als Beweis dafür gewertet wird, dass Frauen auch nicht „besser" sind als Männer, nicht friedlicher oder weniger kompetitiv. Wer hat das eigentlich behauptet?

Uns interessiert vor allem das Wort: Wenn zwei Männer oder ein Mann und eine Frau einander bekämpfen, spricht man einfach von Streit, Kampf, Krieg. Es geht um die Sache, nicht um die Kontrahenten. Handelt es sich jedoch um eine rein weibliche Fehde, dann werden prompt die Zicken rausgelassen. Und sprachlich die Sau. Unsachlich und un-sprachlich. Der Duden kennt den Zickenkrieg nicht, wohl aber den *Zickenalarm:* „umgangssprachlich abwertend für Streit, besonders zwischen Frauen". Zwischen wem denn sonst, bitte? Würde sich ein Mann sprachlich vom Zickenalarm betroffen fühlen?

Gleichermaßen abzulehnen ist das Wort *stutenbissig*. Das passende Adjektiv zum Zickenkrieg, ebenfalls tierisch. Es erfreut sich größter Beliebtheit. Aber warum sagen wir nicht einfach bissig? Vom Geschlecht der Beteiligten unabhängig. Ist eine Frau etwa verpflichtet, andere Frauen nur mit Samtpfoten anzufassen? Möglicherweise werden Zoologen mich nun darauf hinweisen, dass Stuten untereinander tatsächlich sehr bissig sind. Ich kenne mich im Tierreich nicht genügend aus. Zitiere stattdessen meine frühere Chefin, die Machtkämpfe unter Männern gern als *Zumpferlmessen* bezeichnete.

Die Zeitschrift „Woman" bietet derzeit ein günstiges Test-Abo an. „Jetzt für Frauenlaufteilnehmer!", wirbt das Blatt. *Originell* könnte man es nennen – oder gar *sexistisch*. Männer dürfen zwar Frauenzeitschriften lesen (falls sie das wollen), nicht aber am alljährlichen Frauenlauf teilnehmen. Davon sind sie schlicht und einfach ausgeschlossen – auch wenn immer wieder ein paar männliche „Randfiguren" außer Konkurrenz mithopsen.

Fazit: Es gibt nur Mitläuferinnen, keine Mitläufer. Frauenlaufteilnehmer in der maskulinen Form existieren nicht, sondern nur -teilnehmerinnen. Die brauchen nicht einmal ein großes Binnen-I.

Dass dieses vielen auf die Nerven geht, ebenso wie aufwändiges Splitten, ist ja noch verständlich. Aber wenn die weibliche Form zutreffend ist – und zwar nur sie –, dann möge man sie bitte verwenden!

Besonders die Redaktion/Werbeabteilung einer Frauenzeitschrift sollte diesbezüglich sensibel sein. Daran kommen allerdings Zweifel auf, wenn man sich durchliest, zu welchen sogenannten „Frauenthemen" „Woman" Artikel verspricht: „Worüber Frauen *wirklich* reden – von Kindern & Familie bis Prominenz".

Weiters wird ein Informationsvorsprung in Aussicht gestellt – bei jenen „Themen, die Frauen *wirklich* interessieren … Mode & Beauty, Business-Musts, Job & Karriere, Jungunternehmerinnen & Gesundheit".

Prost Mahlzeit! Mich persönlich wird „Woman" kaum als Leserin gewinnen – aus mir wird ohnehin keine Jungunternehmerin mehr (zu alt!); und ein Frauenlaufteilnehmer schon gar nicht.

Andere Verlage wiederum nehmen sich speziell der Männer an: „Schnelle Hilfe für den ratlosen Mann" verspricht ein handliches Wörterbuch von Langenscheidt. „Deutsch–Frau" kann man hier angeblich ebenso nachschlagen wie „Frau–Deutsch". De facto ist nur Letzteres der Fall: Frau sagt: … – Frau meint: … Frauen sprechen also offensichtlich nicht Deutsch, sondern eine eigene Sprache, die der „Übersetzung" bedarf.

„Ein gelbes Buch als Paartherapeut", wirbt der Verlag: „Warum Frauen mit Subtext reden und wie Männer den Klartext kapieren lernen." Die Idee ist aus einem Programm des deutschen Comedy-Stars Mario Barth entstanden – und wäre eindeutig in der Abteilung Kabarett & Klamauk besser aufgehoben. Wenn überhaupt. Erstaunlich, dass sich Langenscheidt für so etwas hergibt!

Beispiele gefällig? Wenn eine Frau etwa sagt: „Ich hab' nichts anzuziehen", meint sie laut Barth/Langenscheidt:

„Gib mir Geld zum Einkaufen." – „Schatz, ich liebe dich" bedeutet: „Wo ist deine Kreditkarte?" Als ob Frauen heutzutage nicht über eigenes Geld verfügten!

„Du bist ein wirklich gutmütiger Mann", sagt sie, meint aber: „Du schnarchst wie die Sau." Zu Hilfe! Jetzt hätten wir Frauen gern ein Nachschlagewerk, in dem man uns erklärt, was Männer meinen, wenn sie uns erklären, was wir meinen. Die einzig richtige „Übersetzung": „Du hast halt keine Ahnung", sagt sie – und meint: „Lass mich doch in Ruhe!" Sprachlich gilt beides.

Sexuelle Belustigung

Wenn Partner mit dem Fernseher im Schlafzimmer
nur noch 1,5-mal pro Monat Sex haben

In regelmäßigen Abständen ist hierzulande das Thema der sexuellen Belästigung in aller Munde. Dabei wird gern das Wort *grapschen* gebraucht, was den Unmut eines Deutschlehrers erregt hat. Seiner Meinung nach heißt *grapschen* nur *stehlen* – Busen zu grapschen wäre somit eine ziemlich schwierige Angelegenheit; *begrapschen* indes heiße (unsittlich) berühren.

Der Duden sieht's freilich lockerer: *grapschen* (auch: *grabschen*) – umgangssprachlich für *schnell nach etwas greifen*. Es ist also – überraschenderweise – auch eine Frage der Geschwindigkeit.

Als „österreichisch umgangssprachlich für stehlen" führt der Duden übrigens *grapsen* an. Und da kann ich nur staunend sagen: Nie gehört!

Originell im Zusammenhang mit sexueller Belästigung waren zwei knapp aufeinanderfolgende Aussendungen der ÖVP. „Für mich ist es unverständlich, dass eine Frau, die in der U-Bahn von einem Mann sexuell belästigt wird, freigesprochen wird", kritisierte die Generalsekretärin der Partei.

20 Minuten später ratterte die Korrektur über den Fernschreiber: „Bitte lesen Sie den ersten Satz in unserer Aussendung wie folgt richtig: ‚Für mich ist es unverständlich, dass ein Mann, der in der U-Bahn von einer Frau sexuell belästigt wird, freigesprochen wird.'"

Männer und Frauen wurden hier aktiv und passiv –

bezogen auf den Gebrauch der Verben – bunt durcheinandergewirbelt. Aber wir wollen ja nichts sagen: Es soll vorkommen, dass man etwas korrigiert und dabei wieder einen Fehler macht. Verhext.

Tja, wenn Politiker sich zu Wort melden, wird es oft unfreiwillig komisch! „Kdolskys neueste Kondom-Pläne *geplatzt*", meldete die „Austria Presse Agentur". Die Gesundheitsministerin hatte zuvor angekündigt, die Konkursmasse eines insolventen Kondom-Herstellers aufzukaufen, um diese selber – etwa beim Life-Ball – großzügig zu verteilen.

Ob die Wortwahl wohl reiner Zufall war? Nicht nur Pläne, sondern auch Kondome pflegen ja bisweilen zu platzen ... Dass hier absichtlich ein wenig schlüpfrig formuliert wurde, legt auch die – inhaltlich redundante – Mitteilung nahe: „Das Ministerium musste die Aktion wieder *abblasen.*" Nun, es kommt ja häufig vor, dass Politiker den Mund zu voll nehmen und später den Schwanz einziehen müssen ...

„Ich komme gerade aus Thailand zurück und habe dort einen Massagekurs besucht! Soll ich dich eincremen?" Sätze wie diesen – inklusive englischer Übersetzung – findet man im „Flirt-Sprachführer Englisch", erschienen bei Langenscheidt.

Als ob erfolgreiches Anbandeln nur von der Sprache abhinge! Wenn mir jemand mit dieser Massage-Masche käme – „Hände weg!", würde ich ihm entgegenfauchen! Ähnliches gilt für Sätze wie „Deine inneren Werte sind mir als Erstes aufgefallen" oder „Was für herrliche Kurven! Und meine Bremse ist kaputt" ...

All das also gleich mal zwei: auf Deutsch und auf Englisch. Wobei die Übersetzungen nicht immer überzeugen, etwa wenn aus „Du bist aber schön braun" „You are lovely and brown" wird. Wohl eher etwas für Teenager ...

Wir älteren Semester befassen uns unterdessen mit *Blümchensex* – rein linguistisch, versteht sich. Nachdem ein Kollege diesen Begriff aufgebracht hat, wird er eifrig zerpflückt. Wieder einmal gibt Google Aufschluss: eine Art „Kuschelsex, mit viel Küssen und Streicheln, bloß nix Obszönes".

Häufig als langweilig abgetan, sei Blümchensex aber auch „was sehr Feines, weil man sich dabei romantisch in die Augen schauen und einfach entspannen kann". Wieder was dazugelernt! Bisher haben wir bloß mit Blümchenkaffee Bekanntschaft gemacht, der so heißt, weil er so dünn ist, dass das Muster der Tasse durchschimmert. Wie blümerant.

Nicht falsch, aber zumindest missverständlich liest sich der Satz: „In dieser Altersgruppe haben Partner mit dem Fernsehapparat im Schlafzimmer monatlich nur noch 1,5-mal Sex." Wie, bitte, hat man mit dem Fernsehapparat Sex? Oder ist es bloß meine schmutzige Fantasie? Weiter heißt es jedenfalls: „Wer mit dem TV-Programm einschläft, unterhält sich mit dem Partner nur rund drei Minuten." Ab mit dem TV-Programm unter den Kopfpolster – und lieber mit dem Partner eingeschlafen!

Über Sex spricht man nicht gern unverblümt – zumindest früher war das so. Als zu vulgär betrachten viele auch das Wort *hinten*, wohl weil nach ihrem Sprachgefühl auf peinliche Weise der *Hintern* mitschwingt? „Setz dich nach rückwärts", formulieren sie dann fälschlicherweise. „Die Dame rückwärts: Bitte von der Tür weggehen", sagt der Straßenbahnfahrer durch. Da möchte ich am liebsten ärschlings gleich wieder aussteigen. Quasi im Rückwärtsgang.

Man hört und liest also oft die *rückwärtige* Tür oder der *rückwärtige* Eingang, nie jedoch begegnet man einer *vorwärtigen* Türe. In einem ÖBB-Prospekt fand ein Leser folgende Passage: „Zunächst wird der *stadteinwertige* Teil des Bahnhofes Wien Praterstern abgerissen und bis November 2006 wieder neu errichtet." Vom E einmal abgesehen, das richtigerweise ein Ä sein müsste, empfehlen wir, nicht den *stadteinwärtigen,* sondern eher den stadteinwärts liegenden Teil des Bahnhofs abzureißen. Prinzipiell gibt *rückwärts, vorwärts, stadteinwärts* ja eine Richtung an, keinen Ort.

Wat, bitte, soll ein Jaukerl sein?

Was Österreicher und Deutsche trennt, ist die gemeinsame Sprache

„Wat soll ein Jaukerl sein?" Die österreichische Boulevard-zeitung „Krone" hetzt immer noch mit Verve gegen die Studenten aus Deutschland. Da soll es schon so manchem Professor „alle Haare aufgestellt haben, wenn sich ein ‚Zua-graster' (Zugereister) aus Nordrhein-Westfalen von ihm mit einem saloppen ‚Tschühüss' verabschiedet". Umge-kehrt haben die Deutschen Verständnisschwierigkeiten, weil sie etwa nicht verstehen, was ein *Jaukerl*, also eine *Spritze*, sei.

Der Fairness halber muss man sagen, dass sich unter einem *Jaukerl* auch so mancher Nicht-Wiener nichts vor-stellen kann. Und dass andererseits der Abschiedsgruß *Tschüss* in Deutschland durchaus „salonfähig" ist. Problem-los kann man sich in deutschen Geschäften oder Ämtern ver-tschüssen.

Die Österreicher und die Deutschen trennt die gemein-same Sprache. Das soll Karl Kraus gesagt haben, meint die Legende; in Wirklichkeit hat Karl Farkas diese – an das Ver-hältnis von Englisch und Amerikanisch angelehnte – Behauptung in seinen Kabarettprogrammen aufgestellt.

Aber in der Praxis ist es erfahrungsgemäß nicht so schwierig, sich „zusammenzuraufen". Auch an den Medi-zin-Unis. Nichts gegen Wienerisch. Aber von Universitäts-professoren dürfen wir wohl erwarten, dass sie ein für alle verständliches Hochdeutsch sprechen. Wenn dann die deutschen und Nicht-Wiener Studenten zusätzlich ein bisschen Wienerisch à la Jaukerl lernen, werden sie es wahrscheinlich als Bereicherung empfinden. Auch mit dem Einfluss des Bundesdeutschen werden wir Österreicher wohl fertig werden. Zumal die deutschen Studenten wahrlich nicht die einzigen sind, die hierzulande *Tschüss* sagen.

Umgekehrt hat es auch ein österreichischer Teenager nicht leicht, wenn er im Ausland eine deutsche Schule besucht. Das piefkonische Deutsch der Halbwüchsigen – da braucht man fast nen Dolmetscher für.

Ich peil das voll nich zum Beispiel bedeutet soviel wie *Ich hab' null Raff.* Alles klar? Oder peilen Sie das voll nich?

Wenn die Kids mal nicht so gut drauf sind, sind sie *depri*, wobei das E ausgesprochen wird wie in *Schnee*, nicht österreichisch *depre* à la *deppert*, wie ich aufgeklärt werde. Man würde meinen, dass der Sprecher in diesem Fall über seine eigene Ausdrucksweise schon wieder lachen muss und die Depression im Nu verfliegt.

Gegen die Depre hilft es auch, im kleinen Wörterbüchlein „Österreichisch-Deutsch" (Residenz-Verlag) zu schmökern. Lustiger noch als die österreichischen Ausdrücke, die man selbst als Österreicher bei weitem nicht alle kennt, sind die hochdeutschen Umschreibungen derselben: *einbraten* etwa wird so erklärt: *schöntun mit Gefügigmachungsabsicht*, die *Bluatwiesn* ist eine *Kampfstätte zur tätlichen Fortführung verbaler Konflikte* und *Tschesolo* das *Urlaubsziel zahlreicher Österreicher mit Badewunsch*; das *Gspeiblert* das *Erbrochene nach Wiener Art*. Nach Wiener Art?

Der Piefke leitet sich übrigens von dem gleichnamigen preußischen Militärmarschkomponisten Johann Gottfried Piefke her. 1866 nahm dieser am Krieg gegen Österreich teil. Beim Einzug in die Stadt Wien marschierte sowohl

Johann Gottfried als auch sein Bruder Rudolf an der Spitze des Musikkorps. Die Wiener sollen gerufen haben: „Die Piefkes kommen" – eine Bezeichnung für die Deutschen, die sich gehalten hat. Belegt ist die Geschichte allerdings nicht.

Heute tobt zwischen den beiden Ländern ein anderer Kampf: der berüchtigte, sogenannte „Marmeladen-Krieg", sichtlich ein Stellvertreterkrieg an der gesamten Sprachfront, den unsere deutschen Nachbarn nur mit höhnischem Gelächter oder zumindest Kopfschütteln quittieren. Haben die „Ösis" denn keine anderen Sorgen? Putzig finden viele Deutsche das Österreichische, charmant, weichmelodisch bis schlampig, im schlimmsten Fall unpräzise.

Dabei hat sich in der Sprachwissenschaft längst das plurizentrische/-areale Modell durchgesetzt, demgemäß man das österreichische Deutsch (und im Übrigen auch das der Schweizer) als gleichrangige „nationale Varietät" betrachtet. Keine eigenständige Sprache, aber eben nicht „bloß" ein Dialekt. Es gibt sehr wohl eine österreichische Hoch-, heute würde man sagen Standardsprache – mit Unterschieden zur deutschen in Wortschatz/Grammatik/Syntax, auch wenn sich dies noch nicht auf beiden Seiten der Grenze herumgesprochen haben sollte.

Wie groß umgekehrt der sprachliche Minderwertigkeitskomplex des kleinen Landes ist, lässt sich denn auch an den geradezu martialischen Reaktionen auf die „Bedrohung" der (angeblich) österreichischen *Marmelade* durch die (angeblich) deutsche *Konfitüre* ablesen. Man spuckt Galle, schluckt Besen, rasselt mit den Säbeln.

Wie schade, dass solcher Kampfgeist bloß an einer unbedeutenden Nebenfront aufwallt, während im Allgemeinen kein Hahn nach dem korrekten Gebrauch der (österreichischen) Sprache kräht. Lebt die Sprache nicht bis zu einem gewissen Grad auch davon, dass sie sich Früchte aus dem Ausland aneignet und auf die eine oder andere Weise konserviert?

Marmelade! Ohnehin handelt es sich um „Etiketten-Schwindel", denn kein Mensch in Deutschland – „außer Spinstern", wie meine deutschen Freunde behaupten – spricht jemals von „Konfitüre". Der als altmodisch und überkandidelt empfundene Ausdruck findet sich nur in der geschriebenen Sprache, in (Ein-)Kochrezepten und eben auf Etiketten. Auch wenn die Deutschen also streng genommen Konfitüre essen, so führen sie dennoch Marmelade im Mund. Warum tun wir Österreicher es ihnen nicht einfach nach? Schließlich haben wir die Marmelade seinerzeit von ihnen übernommen, aber dieser Umstand scheint gern vergessen zu werden.

Kein Thema also? Vaterland und Muttersprache gerettet? Ganz so einfach ist es auch wieder nicht. Im „Marmeladen"-Krieg schießt man bloß weit übers Ziel hinaus und an den wahren Problemen vorbei. Österreich hat sich im EG-Beitrittsvertrag die Bewahrung von 23 Austriazismen im Lebensmittelrecht zusichern lassen. Sprachexperten kritisierten freilich schon damals die Willkür und Unvollständigkeit der Liste. In der juristischen, Handels- und Verwaltungssprache kommt es folglich häufig zu Missverständnissen und Übersetzungsproblemen; Datenbanken mit österreichischer Fachterminologie sind inkomplett und nicht allgemein zugänglich.

Die Sorge um die österreichische Sprachidentität innerhalb der EU ist durchaus berechtigt; ebenso die Kritik an Defiziten in der österreichischen Sprachpolitik. Aber das Österreichische geht bestimmt nicht wegen Konfitüre-Etiketten verloren. Da spielt etwa das Kabel-Fernsehen eine viel größere Rolle, Synchronisationen aus Deutschland et cetera. Und nicht zuletzt das schlechte Vorbild von Erwachsenen, denen das Österreichisch ihrer Kinder häufig *Powidl* ist.

Ein Beispiel aus dem Sprachalltag: „Du machst die beste *Tomatenmarmelade*", lobte in der Fernsehserie „Winzerkönig" der Junge den Alten. Da es sich um eine österreichische Serie handelt, war immerhin von *Marmelade* die Rede. Aber warum *Tomaten*? Selbst wenn man nicht militant für den Gebrauch der jeweiligen österreichischen Varianten eintritt, so sollte doch eine gewisse Konsequenz gegeben sein.

Die Kombination von *Tomaten* und *Marmelade* wirkt „unverträglich", nicht so sehr in geschmacklicher als vielmehr in sprachlicher Hinsicht. Auch *Paradeiskonfitüre* würden wir uns nur ungern aufs Brot streichen (oder schmieren).

Ohnehin erscheint eine salzige Marmelade ein wenig sonderbar. Warum nennt man sie nicht simpel *Aufstrich*? Wohl weil's ans Eingemachte geht, diesmal umgekehrt: nicht nur geschmacklich, sondern auch sprachlich.

Mit den Paradeisern ist es überhaupt so eine Sache. Mir persönlich sind sie ans Herz ge-, weil ich mit ihnen aufgewachsen bin. Der Sprachgebrauch in der Kindheit ist nun einmal entscheidend. Tomaten kann ich indes nicht ausstehen. Wenn man mir dreisilbig kommt – To-ma-ten –, werde ich einsilbig. Viersilbig muss es sein! Pa-ra-dei-ser. Tomaten klingen so hart und herzlos, Paradeiser wohligweich und rund.

All das ist höchst emotional, zugegeben. Regelmäßig liege ich mir mit den Stiefkindern in den Haaren, die eher deutsch als österreichisch sozialisiert sind. Dabei gehören Paradeiser – Pardon: Tomaten – zu den wenigen Dingen, die der ganzen Familie schmecken!

Warum können wir nicht deutsche Ausdrücke in die österreichische Sprache einfließen lassen und umgekehrt, ohne von übereifrigen Puristen an den Pranger gestellt zu werden? Als ich jüngst von einem *Schnäppchen* schrieb, schrie umgehend ein Leser empört auf.

Ich kann ihn beruhigen: Während ich alle heiligen Zeiten ein „piefkisches" Wort gebrauche – allerdings durchaus mit sprachlichem Genuss –, habe ich bereits Legionen von deutschen Freunden die österreichische Sprache nähergebracht. Sie werfen mit *ein bissel* und *Spompernadeln* nur so um sich. Letztere sind im Duden auch unter der Schreibweise *Spompanadeln* zu finden, „österr. ugs. für Dummheiten, Abenteuer".

Von einer deutschen Freundin habe ich unterdessen mit Begeisterung die Bezeichnung *olle Schrapnell* übernommen, laut Duden „abwertend für ältere, hässliche Frau, früher Sprenggeschoss mit Kugelfüllung, nach dem englischen Artillerieoffizier H. Shrapnel". Das Beispiel zeigt: Sprachenübergreifende Ausdrucksweise ist durchaus horizonterweiternd – und nicht zu verwechseln mit sprachlichen Übergriffen.

Die Entscheidung, welche neuen Wörter in ein Wörterbuch aufzunehmen sind und welche, weil nicht mehr gebräuchlich, entbehrlich sind, ist heikel. Doch in Zeiten, da in Dudens Universalwörterbuch hierzulande so gebräuchliche Wörter wie *böhmakeln, Surfleisch* oder gar *Trafik* nicht mehr zu finden sind, steht fest, dass man immer öfter auf das Österreichische Wörterbuch zurückgreifen muss.

Und noch eine Abschlussbemerkung: Eine der weitestverbreiteten (leider allzu oft auch als weitverbreitetsten bezeichneten) Beleidigungen des österreichischen Sprachgefühls, deren Quoten in Filmtexten an die 99 Prozent erreichen, besteht darin, dass anstelle von *jemand anderer* die Formulierung *jemand anders* gebraucht wird. Es wäre sehnlichst zu wünschen, dass dieses *jemand anders* endlich einmal jemand anders, nämlich als *jemand anderer* formuliert. Wer sich an der sexistischen Neutralität von „jemand" stößt, kann auf die Substantive „ein Jemand" und „eine Jemandin" ausweichen.

Schon in der „Frommen Helene" hat ein derartiges (feines) Pärchen eine verdienstvolle Vorreiterrolle gegen die Verwässerung der sexuellen Unterschiede gespielt: „... als in den Schnabelbohnen d'rin ein Jemand eine Jemandin – man kann wohl sagen herzlich küsste – ach Gott, wenn das die Tante wüsste!"

Dich haben sie wohl mit dem Klammerbeutel gepudert

Manchmal versteht ein Blaustrumpf eben nur Bahnhof

Ich will Ihnen nun von einem harmlosen Gebrauchsartikel berichten, der im Versandkatalog der Firma „Manufaktum" folgendermaßen beworben wird: „,Dich haben sie wohl mit dem Klammerbeutel gepudert?' Angesichts dieses schönen Exemplars aus grauem Wollfilz ließe man sich dies wohl gerne nachsagen." Der Beutel (für Kluppen?) ist mit zwei Schlaufen versehen, sodass man ihn an der Wäscheleine befestigen kann. Wie „Manufaktum" so richtig feststellt: „Es gibt sie noch, die guten, alten Dinge."

Im Internet (www.blueprints.de) findet sich folgende Erklärung: „Die Redensart ‚Dich hat man wohl mit dem Klammerbeutel gepudert' ist erst zu Beginn des 20. Jahrhunderts aufgekommen. Ihr liegt die Vorstellung zugrunde, dass jemand, der statt mit der Puderquaste mit einem Beutel für Wäscheklammern gepudert ist, durch die Schläge auf den Kopf einen geistigen Defekt davongetragen hat."

Während vielen Deutschen die altmodische Wendung durchaus geläufig ist, hat sie alle meine österreichischen Versuchskaninchen vor den Kopf gestoßen (einem Klammerbeutel gleich).

„Du bist wohl nicht ganz bei Verstand", so die Bedeutung. Der frühere deutsche Außenminister Joschka Fischer sagte denn auch einmal: „Da müsste ich ja mit dem Klammerbeutel gepudert sein!" Einem österreichischen Politiker käme das nie über die Lippen.

Verständnisprobleme haben wir Ösis auch, wenn etwa die Zeitschrift „Journal für die Frau" schreibt: „Fast alle unsere Leserinnen müssen ihren Haushalt ohne professionelle Hilfe wuppen. Dennoch: Ein Sechstel könnte es auch nicht ertragen, dass jemand anderes mitwuselt." Nur ein echter Deutscher kann verstehen, was hier gemeint ist. Jemand anderer (!) tut sich schwer.

Mir persönlich ist es ja lieber, wenn ich nicht selber wuppen und wuseln muss. Aber ich bin auch ein Blaustrumpf und stehe mit dem Haushalt auf Kriegsfuß, wie Onkel Otto immer bemerkte. Daher stehe ich auch folgendem Hinweis eher ratlos gegenüber: „Es gibt eine verschiedene Wertigkeit von Sauberkeit." Diesen geistreichen Satz spricht im Fernsehen, waschmittelwerbend, eine aufgedonnerte Dame, deren Umgebung anscheinend eine Art Kurinstitut sein soll (flauschige Handtücher, Moorpackungen).

Es gibt sichtlich auch eine verschiedene (Minder-)Wertigkeit von Sprache. Manche scheinen zu denken: Warum einfach, wenn's auch kompliziert geht? Etwa Hobby-Philosophen, die vom *Leben als existenzielle Kategorie* sprechen. Was sonst?

Immer wieder gibt uns das Leben Rätsel auf: Vor allem Übersetzungen oder Untertitel zu Filmen sind oft kryptisch. „Sie wird sagen: ‚Mein Daddy ist fortgegangen und hat eine *Schlunze* geheiratet.'", heißt es in Julian Barnes' Roman „Vor meiner Zeit". Ein Tippfehler kann es nicht sein (Schnulze), und auch ein Nickerchen (von *schlunzen* für *schlafen*) ist wohl nicht gemeint, weil inhaltlich unpassend. „‚Ich glaube kaum, dass sie das Wort überhaupt kennt', sagte Graham", heißt es dann weiter. Was mich irgendwie beruhigt. Ich bin also nicht die Einzige.

„Bist du muff?", fragt ein Familienmitglied das andere –

per Untertitel zu einem französischen Film. Ich werde auch langsam *muff*, weil ich so wenig verstehe!

Vor allem Arbeiten im Haushalt stimmen mich wie gesagt muff. In einem Folder der Stadt Wien zum Thema Mülltrennung erfahren wir unter dem Titel „Der Tonne entgegen", dass „Flaschen für Wasch- und Putzmittel, z. B. *Haushaltseiniger*", in die gelbe Tonne gehören. Jetzt ist aber der Geist aus der Flasche! Früher gab's den Haushaltsvorstand, heute den Haushalts-Einiger? Schluss mit Zwietracht und Streit! Ich persönlich habe ja am liebsten, wenn der *Haushalt seiniger* ist, d. h. ich nicht viel tun muss … Aber das führt uns vom Thema weg. Und außerdem: Wer wird schon eines kleinen Tippfehlers wegen so viel Aufhebens machen?

Pensch und Nursch

Wie man Wörter unter seine Fittiche nimmt

Patenschaften kann man für vielerlei übernehmen. Für Menschen natürlich: verwandte, bekannte oder auch in der Ferne lebende (Waisen-)Kinder. So weit, so klar. Man kann aber auch ein Nilpferdbaby unterstützen, ein Libellengewässer, vergilbte Fotos der Nationalbibliothek, zerschlissene Klappsitze eines Theaters et cetera. All das mit dem hehren Ziel, die Person, das Tier, das Ding zu hegen und vor Unheil oder gar dem Aussterben oder der Vernichtung zu bewahren.

Auch für Wörter gibt es Patenschaften. Beispielsweise die Möglichkeit, steirische Ausdrücke unter die Fittiche zu nehmen, indem man sich verpflichtet, das gewählte Wort soundso oft im Monat zu gebrauchen. Wie soll das überprüft werden? Auch fragt sich, ob gerade das Steirische Nicht-Steirern besonders am Herzen liegt.

Interessant wird es aber für den gesamtdeutschen Sprachraum. Manche Wortwiederholer tun ohnehin instinktiv das, wozu der „Verein Deutsche Sprache" (www.wortpatenschaft.de) aufruft: „Beschützen Sie ein deutsches Wort, und übernehmen Sie dafür die Verantwortung: Entwickeln Sie das Wort weiter, hüten Sie es vor Missbrauch oder Verdrängung! Schreiben Sie Gedichte mit Ihrem Wort, und schaffen Sie Wörterbiotope oder -museen, ertüfteln Sie Wortspielereien." (Nachsatz: „Und helfen Sie gleichzeitig mit einer kleinen Spende ...")

Wörterbiotope also. Verdient nicht auch diese Wortschöpfung einen Paten? Ich für meinen Teil habe mich spontan für *kackfidel* entschieden. Ein anderes meiner Lieblingswörter ist die *Notwasserung*. Natürlich möchte ich niemals eine erleben – Gott möge abhüten –, aber das Wort, logisches Pendant zur *Notlandung*, klingt doch so ganz und gar danach, als ob nicht einem Flugzeug, sondern einem Menschen ein Malheur passierte ... Oder wie Nottaufe: Meine Pflanzen sind manchmal so trocken, dass sie förmlich nach einer Notwasserung verlangen.

Ein hübsches Wort ist auch der sogenannte *Lufträüssel*. Es handelt sich dabei um jene kleine Spielerei, die bei Kinderparties gern verteilt wird: Pfeifen mit Papier-„Rüssel", in die 20 Kinder gleichzeitig blasen und dabei ohrenbetäubende Geräusche erzeugen.

Apropos Lufträüssel: Empfehlenswert für Kinderohren ist wegen der entzückenden Sprachspiele und Reime das Buch „Zwei Elefanten, die sich gut kannten" (Text: Mira Lobe). Weg von Computer und Fernsehen! Bald kann's die ganze Familie auswendig.

Manche Wörter mag man eben. Es handelt sich dabei natürlich um rein subjektive Vorlieben. Eines meiner Lieblingswörter ist *skurril*. Es gibt ja so viele Sachverhalte, auf die es inhaltlich passt, finde ich. Und außerdem klingt es so nett skurril.

Allerdings scheint es ein ungeschriebenes Gesetz zu geben, dem zufolge besagtes Wörtchen so gut wie immer falsch geschrieben wird: *skurill*. Allenthalben muss man lesen, wie statt dem herrlich gurrenden Doppel-r ein schwerfälliges Doppel-l am Wortende gebraucht wird.

Dabei kann man sich die Schreibweise von *skurril* mit einer Eselsbrücke, besser gesagt mit einer Eichhörnchenbrücke merken: Man braucht bloß an das englische *squirrel* zu denken und es diesem, was r und l betrifft, gleichzutun. Warum einfach, wenn's auch kompliziert geht?

Werden Sie jetzt vielleicht einwerfen, aber so ist das nun einmal mit Eselsbrücken.

Vor einiger Zeit hat der Deutsche Sprachrat das Wort *Habseligkeiten* zum schönsten deutschen Wort gekürt, gefolgt von *Geborgenheit* und *lieben*. Wäre das nicht ein wunderbares Weihnachts-Programm? Fragt sich nur, wie man „Habseligkeiten" interpretiert! Lesen Sie einen *Augenblick* weiter (das viertschönste deutsche Wort!) ...

„Dürftiger kümmerlicher Besitz, der aus meist wenigen (wertlosen) Dingen besteht", heißt es im Wörterbuch. Wobei diese Dinge für den Besitzer sehr wohl persönlichen Wert haben können – Dinge, die man nicht für Geld kaufen kann.

Der Eigentümer von *Habseligkeiten* erscheine „sympathisch und liebenswert", so die Begründung des Sprachrats, dem die Verbindung zweier „entgegengesetzter Bereiche" gefällt: irdischer Besitz; höchstes Streben nach Seligkeit.

So entgegengesetzt scheinen diese freilich gar nicht zu sein. Besitz erzeugt doch sehr wohl Seligkeit auf Erden, wenn auch nicht unbedingt nachhaltig. Was freilich Konsumsüchtigen (Kindern) vergeblich vorgehalten wird.

Etymologisch ist es ohnehin ganz anders! Die *Habseligkeiten* leiten sich nämlich wider Erwarten nicht von *haben* und *selig* her, sondern sind vielmehr *Habsel-igkeiten*, à la *Füllsel* oder *Geschreibsel*.

Habsel bezeichnet einfach die Gesamtheit dessen, was einer hat. Wozu also das ganze Geschreibsel? Bloß ein Füllsel, damit dieses Buch dick genug wird? Nein, ein Wunsch: Bitte zu Weihnachten diesmal nur ein paar Habsel(igkeiten), wunderbar leicht, in ein lockeres Bündel passend. Oder etwas, das man aufbrauchen kann, etwa – fünftschönstes deutsches Wort! – *Rhabarbermarmelade*.

Bei der Suche nach dem schönsten deutschen Wort konnte übrigens jeder mitmachen. Die Teilnehmer des Wettbewerbs sollen ihr „liebstes, schönstes, kostbarstes deutsches Wort" einsenden und ihre Wahl kurz begründen. Eingeladen waren Muttersprachler, aber auch Deutsch lernende Ausländer. Auch für Österreicher(innen), für die deutschen Muttersprachler und Ausländer zugleich, galt also: Nichts wie ran an die Buletten!

Buletten? Lasst uns doch lieber österreichische Ausdrücke ins Spiel bringen. Unerwartete Schützenhilfe kam von der Berliner „taz". Sie reichte als schönstes deutsches Wort den *Kaiserschmarrn* ein – allerdings erfolglos.

Nur mit dem österreichischen Deutsch hapert es bei den Nachbarn ein bisschen. Die „taz" schrieb von *dem* Palatschinken, und die „Frankfurter Rundschau" behauptete, dass es „im Deutschen keinen Singular, also etwa ‚Palatschinke‘, gibt". Eine gute Ausrede für maßlosen Verzehr! Zuletzt noch „eine Prise Puderzucker". Falsch: Staubzucker, und zwar viel ...

„Kennst du das Wort *Pensch*?", wollte wiederum Onkel Otto wissen. *Pensch*? Ein uralter Scherz: Der *Pensch* ist das Mittelstück vom *Lampenschirm* und angeblich das einzige „Wort" in der deutschen Sprache, das sich auf Mensch reimt. Ein weiterer persönlicher Favorit ist der *Nursch*: ein *sehr gewöhnlicher Essensbehälter* – aber ein sehr außergewöhnliches Wort.

Die reinste Verarsche

Un-Wörter, die auf die Watchlist gehören

Welche Wörter bewegten die Österreicher im Vorjahr? Regelmäßig wird das Wort des Jahres von einer Fachjury gekürt, die aus den häufigsten Internet-Einreichungen auswählt.

Einmal siegte zum Beispiel die *Pensionsharmonisierung*. Welch hübsches Wort, wie leicht kommt es über die Lippen! Auch die vorangegangene engere Auswahl (exklusive Pensions...) kann man sich auf der Zunge zergehen lassen: *Austrokoffer, Bubendummheiten, EU-Osterweiterung, Deckelung, Kampflächeln, Mautflüchtling, Sprachtäter, Umfärbung, Tortung.*

Nun ja. Wichtig und häufig waren die genannten Wörter sicher, aber über ihre sprachliche Qualität und „lexikalische Haltbarkeit" lässt sich streiten. Gerade der *Austrokoffer*, eine Zusammenstellung österreichischer Literatur in einem bunten Köfferchen, ist doch das Unwort schlechthin.

Die *Tortung* indes kennt nicht einmal jeder. Ach ja, da bekamen diverse Leute Torten ins Gesicht geschmissen, unter anderen der Rektor der Uni Wien. Keine *Tortenschlacht* wohlgemerkt, wie wir sie aus „Dick & Doof" kennen, da der Rektor seinerseits ja keine Torte schmiss, sondern den Angriff bestenfalls mit einem *Kampflächeln* quittierte. Vielleicht hat auch sein Gesicht vor Wut eine *Umfärbung* erfahren?

Nichts als *Bubendummheiten?* Eines steht fest: Hier waren *Sprachtäter* am Werk. Egal, ob man deren Taten neutral, positiv oder negativ bewertet.

Die jüngste Regierungsbildung in Österreich war eine schwere Geburt, auch sprachlich. So viele *Knackpunkte* mussten da behandelt werden! Ein Unwort, das in Österreich erst in den letzten Jahren aufgetaucht ist, heute aber umso stärker strapaziert wird.

Früher sprach man von entscheidenden Punkten, von Hauptproblemen. Auch der alte Duden von Onkel Otto aus dem Jahr 1961, den ich in solchen Fällen gern heranziehe, kennt nur die *Knackwurst.* Heute indes – Knackpunkte, wohin das Auge blickt oder das Ohr lauscht.

Sehr oft ging es während der Koalitionsverhandlungen auch *ans Eingemachte.* Nichts gegen Eingemachtes, vor allem von Großmuttern, aber man kann sich an allem überfressen. Und die Wendung wurde zuletzt öfter gebraucht, als einem lieb war. Im Grunde bezieht sie sich auf eine Notsituation, in der die Leute nichts mehr zu essen haben (auch keine Knackwürste) und auf Eingemachtes zurückgreifen müssen.

Jetzt sind alle Regierungsämter besetzt, wobei freilich nicht jeder potenzielle Kandidat berücksichtigt wurde. Manche blieben *außen vor,* wie in den Nachrichten zu hören war. Das tut weh. Nicht nur den Betroffenen, sondern auch uns „Sprachsensibelchen".

Ich persönlich muss, wenn von *außen vor* die Rede ist, immer an *Abseits* denken; wahrscheinlich weil ich dieses Wort als Fußballbanausin auch noch immer nicht verstehe ... Ich stelle mir ein großes Spielfeld vor – und lauter Kandidaten, die, an den Rand gedrängt, nicht mitspielen dürfen.

„Die Firma XY ist in der *Denke* am weitesten", heißt es in einem Werbeprospekt in eigener Sache. Auch in der *Schreibe* ist man offensichtlich sehr weit. Weiter jedenfalls, als der Sprachspalterin lieb ist. Nach ihrem altmodischen Sprachempfinden ist *denke* nichts als ein Verb, in der ersten Person Einzahl beziehungsweise in der Befehlsform. Gleiches gilt für *schreibe*. Nur die *Rede* ist uns als Substantiv geheuer.

Aber der Trend scheint in die Richtung zu gehen, aus Zeitwörtern Hauptwörter zu machen: Man denke nur an die *Verarsche* oder die *Anmache,* von der Jugendliche heute so gern sprechen. Da stellen sich mir, ehrlich gesagt, jedesmal die Haare auf. Werden bald etwa auch die *Aufreiße*, die *Anfasse*, die *Stehenlasse* im Sprachgebrauch Einzug halten? Eine gruselige Vorstelle! Bis zum Abwinken, würde man heute sagen. Eine Formulierung übrigens, die unsereinem ebenso missfällt wie der *Aufreger* und die *Abzocke*.

Es gibt viele Wörter, die uns nicht behagen und die wir daher gern mit einem Bannstrahl belegen möchten. „Renée Zellweger und George Clooney *champagnerisierten* bis in den neuen Tag hinein", war etwa in einer Zeitschrift zu lesen. Nichts gegen die Tätigkeit an sich – wer hat schon etwas gegen Champagner einzuwenden? Wir trinken auch gern Sekt – aber ob wir deswegen gleich *sektieren, frizzieren, proseccieren*? Erklärt sich so die *Prosektur?* Wird uns der Alkohol ins Grab bringen?

Zahlreiche Menschen klagen über wild um sich greifende *Modewörter*. *ORF-Lady* etwa. Eine Leserin fragt, was damit eigentlich gemeint ist: eine *Nachrichtensprecherin*? Eine *Moderatorin*? Eine *Reporterin*?

„Ist man verbal so schwach geworden, dass man zu dieser Differenzierung nicht mehr in der Lage ist?" Man kann der Leserin nur recht geben, auch in ihrer Kritik an *Opern-ball-Lady*. Mit dem Wort *Lady* wird wahrlich oft Missbrauch getrieben. Auch die gern als *Skidamen* bezeichneten Skifahrerinnen fallen in diese Kategorie.

Verzichten könnten wir auch auf das *Gammelfleisch,* das mindestens so eklig klingt, wie es wahrscheinlich schmeckt. Der *Gammel* geht laut Duden auf das niederdeutsche Wort *gammelen* zurück, das so viel bedeutet wie *alt werden.*

Umgangssprachlich wird der Begriff abwertend für „minderwertiges, wertloses, unbrauchbares Zeug" verwendet. Auf Fleischprodukte wendet man die Bezeichnung an, seit 2005 in Nordrhein-Westfalen tonnenweise Fleisch in Supermärkten auftauchte, bei dem das Mindesthaltbarkeitsdatum abgelaufen war.

Fast hätte es das *Gammelfleisch* zum Wort des Jahres geschafft, hätte ihm nicht die *Bundeskanzlerin* den Rang abgelaufen. Vielleicht gelingt es ja das nächste Mal. Die Chancen stehen gut.

Auch die „Süddeutsche Zeitung" hat dem Wort nachgespürt und im Wörterbuch der Brüder Grimm gefunden, dass man unter einem Gammel „so etwas wie Lust, Übermut und Kitzel, auch lärmende Freude, Ergötzlichkeit, Mutwille und Spaß" versteht. „Vorzugsweise ist dabei an Geschlechtskitzel gedacht."

Im Harz sage die Braut zum Bräutigam durchaus „mein Gammel"; mit Gammel könne aber auch ein „liederliches Frauenzimmer" oder eine „starke Weibsperson" gemeint sein.

Fleischeslust also – oder fleischliche Unlust, wenn es um verdorbene tote Tiere geht.

Apropos liederliches Frauenzimmer: Vor einigen Jahren geisterte das Unwort *Samenraub* durch die Gazetten.

175

Die österreichische Zeitschrift „News" berichtete: „Der Begriff ist plötzlich, aber fraglos ‚Duden-fähig' über uns gekommen. Immerhin widmete ihm der ‚Spiegel' schon eine dickleibige Abhandlung. Obwohl ihn doch die ‚Bild'-Zeitung erfunden hat. Ob er als ‚Wort' oder ‚Unwort des Jahres' in die Geschichte eingehen wird, ist noch ungewiss. Jedenfalls weiß jetzt die Welt, was ‚Samenraub' ist."

Und fröhlich berichtete „News" weiter – von Boris Becker und jener *Beuterussin*, die im Rahmen eines „delikaten Übergriffs" dem Tennisstar „ans Gemächt gelangt hatte".

Die Story an sich ließ mich kalt; auch ist die blumige Ausdrucksweise à la „News" bekannt. Eines aber erschien bedenklich: dass „News" bestimmen will, was „fraglos *Duden-fähig*" ist und was nicht. Zum Glück ist der Plan nicht aufgegangen. Das Wort *Samenraub* wurde gesät, aber aus der Ernte ist nichts geworden. Es ist aus dem deutschen Sprachschatz wieder verschwunden. Beruhigend!

Gleiches gilt glücklicherweise für die *Schwampel*. Wer kann sich noch an sie erinnern? Eine Abwandlung der klassischen Ampelkoalition – rot-gelb-grün – mit anderen Vorzeichen: schwarz-gelb-grün. In Deutschland war sie nach der letzten Bundestagswahl als Option in aller Munde. Es wurde geampelt, gehampelt, geschwampelt.

„Schwampel ist allerdings als Metapher ziemlich schräg und als Begriff etwas unappetitlich", merkte dazu die „Frankfurter Allgemeine" an. In der Tat kommt die *Schwampel* recht derb daher. Verständlich also, dass sich bald die Bezeichnung „Jamaika-Koalition" – nach den Farben der Landesflagge – durchsetzte. Da diese jedoch nicht realisiert wurde, ist auch sie schnell wieder in Vergessenheit geraten.

Alles andere als vergessen ist indes das in manchen Kreisen so beliebte Prädikat *pipifein*. Alles, was diesen Leuten gefällt, bezeichnen sie wahllos als *pipifein*. Wenn Sie mich fragen: Der Ausdruck ist ebenso notwendig, wie Pipi fein ist …

Mozart's Kugel: Ein Allegro in Süß

Oh Gott, Werbesprache!

Auf der Zunge zergehen lassen kann man sich folgende Mozart-Variation: *Mozart's Kugel* – gefunden in einem amerikanischen Supermarkt. *Ein Allegro in Süß* steht auf der Packung, *ein Concerto grosso der Qualität* (Deluxe Mozart Kugeln). Englisch oder Deutsch? Einzahl oder Mehrzahl? Nachgezählte sechs Stück sind in der Schachtel enthalten. Sprachlich hat die „Confiserie Dreher Piding/Bad Reichenhall" ein bisschen gedreht und gedrechselt (Piding-Deutsch?). Wer sich gerollt fühlt, tröste sich einfach mit der Schokolade?

Es gibt heute kaum noch Ess- oder Trinkbares, das uns nicht Balance, Emotion, Wellness und Ähnliches in Aussicht stellte. *Pro Ego* heißt etwa ein Almdudler-Getränk, das in Österreich eine Zeit lang großflächig beworben wurde. Es ist nicht *irgendein* Trank, sondern ein *Kräuter-Wellness-Getränk*. Drei Dinge hat die gestrenge Sprachspalterin daran zu beanstanden; zwei davon sind zugegebenermaßen Geschmackssache (so wie Kräutergetränke per se): erstens das neudeutsche Modewort *Wellness*, das uns wie eine Welle überrollt. Man ist zwar anglophil, aber manchmal wird's mit dem Anglo auch zu viel. Aber das ist ein anderes Kapitel.

Zweitens eine inhaltliche Anmerkung: *Ego*. Ob Parfum, ob Getränk, ob ein anderes Produkt: Am besten „zieht" es anscheinend, wenn es das Ego stärkt. Ist das der Zeitgeist? Ja, ja, ich klinge wie meine eigene Urgroßmutter, aber es sticht nun einmal ins Auge. Selbstbewusstsein gut und schön, doch ich möchte mir meine Selbstzweifel nicht nehmen lassen. Da trink ich statt *Pro Ego* lieber Vöslauer. Das *frivolisiert* ja bekanntlich, wie die Werbung suggeriert.

Drittens: Die lateinische Präposition *pro* verlangt nicht den ersten, sondern den sechsten Fall (a, ab, ex, de, cum, sine, pro und prae – wer erinnert sich nicht an das Sprüchlein?). Streng genommen müsste es also *Pro Me* heißen. Aber das klingt vielleicht zu sehr nach *Promille*. Oder zu wenig nach Ego. Aber bitte: Man soll Werbesprüche wohl nicht so sehr auf die Sprachwaagschale legen.

Englische Werbesprüche mögen cool sein, aber das Problem ist: Sie werden häufig nicht verstanden. Dies hat eine Studie der Kölner Agentur Endmark zutage gebracht. So konnte etwa den Vodafone-Slogan „Make the most of now" nur jeder Dritte der Befragten korrekt übersetzen (Mach das Beste aus dem Augenblick/aus dem Jetzt).

Der Ford-Reklamespruch „Feel the difference" (Spüre den Unterschied) wurde zwar von mehr als der Hälfte verstanden, manche der Befragten lieferten allerdings skurrile Übersetzungen à la „Fühle das Differenzial" oder auch „Ziehe die Differenz".

Absolutes „Schlusslicht" der Studie war die Jaguar-Werbung „Life by Gorgeous" (etwa: Leben auf großartige Weise), mit der nur acht Prozent etwas anfangen konnten. Manche meinten sogar, der Slogan bedeute „Leben in Georgien". Ob man dort einen Jaguar „braucht"?

Welche Schlüsse sind daraus zu ziehen? Natürlich nicht, dass Englisch prinzipiell verdammenswert ist; wir wollen uns keineswegs mit militanten Deutsch-Puristen verbrüdern. Aber Vorsicht ist geboten. Die englischen Ausdrücke müssen wohl dosiert und verständlich sein.

Und korrekt natürlich. Die Österreichischen Bundes-

bahnen werben für ihren „Vienna Airport Shuttle" –
„direkt zum Flug, directly to the plain". Das Flugzeug
schreibt sich allerdings *plane*, während *plain* die Ebene
ist. Soll man sich also den „Umweg" über die Lüfte ersparen und direkt in der Ebene (bruch)landen? Besser hätte
wohl die Werbebroschüre einen Umweg über den Kor-
rektor nehmen sollen.

Die Werbetexter sollten darauf achten, nicht mit allzu
schwierigen Sprüchen übers Ziel hinauszuschießen – und
somit die gewünschte Wirkung zu verfehlen. Kontrapro-
duktiv erscheint es zum Beispiel, wenn die Parfumerie-
kette Douglas wirbt: „come in and find out". Komm herein
und finde wieder hinaus – so interpretierten einige Kunden die Aufforderung. Dabei sollten sie nicht den Ausgang
aus dem Geschäftslabyrinth finden, sondern vielmehr
herausfinden, was es bei Douglas alles im Angebot gibt.

Aber es gibt auch Positives zu berichten. Man nehme die
kreative Aufschrift des Vöslauer-Getränks „Balance",
Geschmacksrichtung „Weingartenpfirsich-Pimpernelle":
„An und Pfir sich hat die Pimpernelle einen sehr speziel-
len Geschmack", heißt es da, „dass sie sich da mit dem
Weingartenpfirsich einlässt, ohne mit der Pimper zu
zucken, ist schon ein kleiner Liebesbeweis."

Über den Geschmack des Getränks lässt sich streiten –
aber der Werbetext hat selbst die Kritikerin wässriger Well-
ness-Drinks überzeugt. Und morgen wird eine neue Sorte
probiert.

Sehr kryptisch erschien uns indes Folgendes: „Wer
Schmetterlinge lachen hört, der weiß wie Wolken riechen."
In lieblicher Lateinschrift hat eine Bäckerei diesen „Werbespruch" auf ihre Papiersackerln drucken lassen. Da fragt
man sich. Vom fehlenden Beistrich nach *weiß* einmal abgesehen. Können wir nicht einfach Frischgebackenes genie-

ßen, ohne mit abgehobenen Sprüchen behelligt zu werden? Selbst wenn dieser, wie man später erfährt, ursprünglich vom Romantiker Novalis stammt?

Lachen, riechen, Wolken, Schmetterlinge. Letztere sollen vielleicht auch ein Gefühl der Verliebtheit suggerieren. Schließlich ist Frühling. Schmetterlinge im Bauch. Und Liebe soll ja angeblich durch den Magen gehen. Verliebt in ein Brot? Das geht zu weit!

Die Firma „Anker" wiederum nimmt potenzielle Hormonwallungen vorweg und wirbt nicht nur mit herzförmigen, herzhaften Weckerln, sondern unter anderem auch mit dem Sinnspruch „Liebe heißt ... Fruchtspitze im Bauch haben."

Da würden wir uns schön bedanken! Das klingt wie *auf Nadeln sitzen* oder *über glühende Kohlen gehen*. Welch brutales Bild, klar unter der Gürtellinie platziert: Wehe, man sticht mir Fruchtspitzen in den Bauch!

Jetzt fehlt nur noch, dass Lebensmittelerzeuger nächstens mit *Butter auf dem Kopf* oder *Pfeffer im Popo* werben. Vielleicht die beste Methode, um abzunehmen ...

Aber es muss nicht immer Essen sein. Die CA informierte ihre Kunden in einem Schreiben über eine Änderung der Geschäftsbedingungen: „Im ständigen Bemühen, unsere Kunden bestmöglich zu *servicieren* ..." Auch sprachlich sollen die Kunden sichtlich verwöhnt werden! Und meine neue Bankkarte verfügt jetzt über noch mehr *Funktionalitäten*! *Funktionen* sind wohl nicht mehr ausreichend?

Wie auch immer. Ich für meinen Teil werfe mich jetzt in das *konsumige* Kleidungsstück, das ich mir via Versandhauskatalog bestellt habe. Wer könnte da widerstehen?

Ist die Sprachspalterin zu streng? „Man wäre doch humorlos, wenn man derlei nicht schmunzelnd zur Kenntnis nähme", schreibt mir ein Leser in Anspielung auf meine

Kritik an der Überstrapazierung von Wendungen wie „Nicht immer, aber immer öfter" oder „Da werden Sie geholfen". Ersteres ist eine Clausthaler-Werbung (mir wohlbekannt), letzteres ein „Bonmot" (bon?), geprägt von der deutschen Ulknudel Verona Feldbusch, das sich ebenfalls eine Firma als Werbespot zunutze machte (was mir nicht bekannt war).

„Es ist dies ja nicht einfach falsches Deutsch, sondern das augenzwinkernde Verwenden derart falscher Aussprüche", erklärt der Leser weiter. Dazu ist Folgendes zu sagen: Ich bin ja sehr für Augenzwinkern – auch für Augenzudrücken –, aber welche selbsternannte Sprach-Autorität kann sich herausnehmen, falsche Formulierungen wie „Da werden Sie geholfen" auf ein Podest der Originalität zu heben, jegliche Kritik daran zu verbieten oder als humorlos abzutun? An der Werbewirksamkeit ist natürlich nicht zu zweifeln, aber falsch ist der Satz trotzdem.

„Ich habe fertig", sagte ein für einen deutschen Fußballklub tätiger ausländischer Trainer, und auch dieser Spruch wird mittlerweile ironisch kopiert. Nehmen wir an, ein Schüler schriebe das dann in einem Aufsatz – darf der Lehrer es anstreichen, oder muss er dem Schüler ein Originalitäts-Plus für Ironie eintragen?

Die französische Freundin meiner Mutter schrieb einst in einem Brief: „Königs Tode war mir gerührt." Wie einfallsreich, wie apart! Wir wollen das geflügelte Wort nicht länger im Familienkreis behalten. Vielleicht macht ja jemand eine Werbung draus! Damit habe ich mit der Werbung fertig.

Das hohe Ross und der Amts-schimmel

Vielen „geschwollenen" Texten täte es nicht schlecht, ein wenig abzuspecken

Kunstkritiker müsste man sein! Da kann man sich anscheinend so geschwollen ausdrücken, wie man will. Lassen Sie sich bitte folgenden Text auf der Zunge zergehen, der aus der Feder eines Kunstkritikers stammt und das Werk eines jungen Malers beschreibt: „... nicht in einem Hervorkehren der Differenz, dem situativ jede Überzeugung abhanden gekommen ist, sondern in einer antinomischen Geste des sich überantwortens [sic] an die ubiquitäre Indifferenz, die zugleich unerbittliche Durchdringung derselben ist. In diesem Akt einer Kompulsion wird die allen Produkten anhaftende formelle und fetischisierte Abstraktion zu einem monströsen Déjà-vu seines rezipierenden Gegenüber. Ganz ohne Schrecken oder jedweger [sic] Beunruhigung ist die Gewahrwerdung instanter Subjekt-Verfasstheit der Preis, den die Müller'schen ‚Zerogates' (Name geändert) einzulösen noch willens sind. Das Ereignis in Permanenz wendet sich im glückhaften Moment zu einem Suspens der Zeit."

Bin ich zu blöd, oder ist der Schreiber zu g'scheit? Ob man die Bilder des besagten Malers „versteht" oder nicht – der Begleittext ist zu abstrakt! Und die Vorstellung erfüllt mich mit Schrecken, dass auch meine Texte – sollte ich mich einmal wiederholen – zu einem monströsen Déjà-vu für mein rezipierendes Gegenüber werden könnten ...

Bleiben wir bei den schönen Künsten. In einem Katalog zu *Egon Schiele* (Prestel Verlag, München) hieß es: „Die Zeichnung und der mit ihr verbundene Stellenwert der Linie und des Konturs können geradezu als Leitwährung für Schieles malerisches Schaffen gelten." Und weiter: „Der Realismus wird in der Folge zu Schieles Leitwährung, wie am *Brustbild eines bärtigen Mannes* kenntlich ist." Oder: „Schieles Befreiungsschlag gegen den Schönheitskult der Sezession besteht aus seinem gezielten Verstoß gegen das Wahre und Gute als *dem* traditionellen Fundament des Schönen."

Ersteres wieder „geschwollen", Letzteres ein gezielter Verstoß gegen die Grammatik? Die Sprachrealität könnte zu meiner *Leidwährung* werden.

Ein Bildtext in der Munch-Ausstellung der Albertina lautete wie folgt: „Er stellt sich zwischen zwei Todessymbole, dem Bett und der Uhr." Dem Dativ sollte hier schleunigst die Stunde schlagen! Es geht schließlich bei „zwischen" in diesem Fall um eine Richtungs-, nicht um eine Ortsangabe. Nicht falsch, aber doch reichlich schwülstig auch dies: „Im Leiden wie im Sterben entbergen sich die Tragik, Größe und Würde des Menschen." Na ja, jetzt wissen wir's also!

Nicht nur Kunstkritiker tragen gern dick auf, sondern auch Society-Journalisten. „‚Nicht schon wieder Sie, Frau X', hatten die Beamten geäußert, wobei einander exekutivische Strenge und Geschmeicheltheit ob der delinquentischen Prominenz die Waage halten dürften." Abgesehen von der undurchschaubaren Zeitenfolge besticht dieser Satz vor allem durch die raffinierten Formulierungen.

Und weiter im Text: „Das großstädtische Leben vermisst die Flirt-Professionistin nicht. Im Gegenteil … Umfängliche Spaziergänge mit Säugling Santino und Dobermann-Rüde Rosebud verhelfen zu erhellenden Ein- und Durchblicken im Bereich der niederösterreichischen Fauna und Flora."

Sehr blumig; ein tierisches Lesevergnügen. Aber es täte vielen geschwollenen Texten nicht schlecht, ein wenig abzuspecken. In derselben „News"-Ausgabe ist von einem anderen prominenten Paar die Rede, das gerade ein Kind erwartet. „Derzeit fahndet man nach einem Namen." Wieso muss man nach einem Namen *fahnden*? Sei's drum, wir wollen „News" nicht so umfänglichen Platz einräumen!

Otto Normalverbraucher mag zwar weniger prominent sein, aber auch ihm kann es passieren, dass einmal ein Amt nach ihm fahndet. Weshalb er die entsprechenden Dokumente braucht. So bin ich nun seit kurzem stolze Besitzerin eines Personalausweises.

Im Begleitbrief informierte mich die Österreichische Staatsdruckerei im Auftrag des Innenministeriums, dass „der Personalausweis im Scheckkartenformat ein qualitativer Sprung in die Hochtechnologie des 21. Jahrhunderts" sei. Natürlich ist das Kärtchen praktisch, mir aber durchaus nicht neu: Amerikanische Führerscheine etwa gibt es schon die längste Zeit im handlichen Format.

Hierzulande jedoch spiegelt dieses „den modernen, innovativen Lösungsansatz des Bundesministeriums für Inneres wider und erleichtert ein tägliches Bei-sich-Tragen des Ausweises durch den Bürger/die Bürgerin als Voraussetzung für eine rasche und praktische Ausweismöglichkeit".

Ein Anspruch, den man an Dokumente dieser Art freilich schon im 20. Jahrhundert gestellt hat. Schnell muss es ja immer gehen beim Sich-Ausweisen. Und ohne Bei-sich-Tragen wird es sowieso schwierig. Da muss man gar nicht Philosophen wie Martin Heidegger bemühen, der vom „alltäglichen Sein des Da und dem Verfallen des Daseins" schreibt. Alltäglich muss auch der Ausweis da sein – bis er verfällt. Es ist eine Frage „des In-der-Welt-Seins". „Ist das Dasein als geworfenes In-der-Welt-Sein nicht gerade zunächst in die Öffentlichkeit des Man geworfen?", fragt Heidegger. Und unsereins fragt sich, was leichter zu verstehen ist: solche Betrachtungen oder das Amtsdeutsch des Innenministeriums.

Weil in der Zeitung haben sie geschrieben ...

Über die richtige Bildung von Sätzen

„Schon immer einmal wollte ich einen Satz, der zwar grammatikalisch richtig gebildet, jedoch durch die Anfügung von Nebensätzen, die durch ein Komma, welches das Verb bzw. das Hilfsverb, das dieserart jeweils erst nach dem Schachtelsatz, der eigentlich den Zusammenhang, der ebenfalls im Nebensatz, der kurz vor dem Verb, welches das Satzende, das das Verb bzw. das Hilfsverb, das durch das bereits genannte Komma, das ja die Nebensätze, die eingeschachtelt worden sind, abschachtelt, ineinander verschachtelt wurde, endlich bringt, wieder entschachtelt, verschachtelt worden ist, erklärt wird, erklären sollte, genannt wird, somit einschachtelt, getrennt werden, verschachtelt wird, ist, formulieren.“

Man bekommt ja per Internet allerhand zugesandt, Quelle unbekannt. Die Verwirrung angesichts dieses Satzes ist groß – ebenso die Versuchung, der Verschachtelung mit bunten Stiften auf den Grund zu gehen beziehungsweise die Prädikate, von hinten beginnend, zuzuordnen. Und einmal mehr bestätigt sich die alte Regel, dass ein Satz aus nicht mehr als 18 Wörtern bestehen sollte.

Je kürzer, desto einfacher. Der Satzbau, die Syntax, bereitet häufig Schwierigkeiten. Beliebt ist es zum Beispiel, Hauptsätze mit *weil* zu beginnen – das darf jedoch nur der österreichische Schriftsteller Wolf Haas, der es in seinen Romanen quasi zum Stilmittel erhoben hat. Für alle anderen gilt: *Weil* leitet einen kausalen Nebensatz ein, *denn* einen ebensolchen Hauptsatz. Warum? Weil es nun einmal so ist. Denn so lautet die Regel. Kleiner Trick: Der Nebensatz hat das Prädikat am Ende. Weil mir stellen sich sonst die Haare auf! Alles klar?

Zum Beispiel, wenn im Text zu einer Grafik zu lesen ist: „Ich sorge nicht für die Enkel, weil …" – und dann werden verschiedene Begründungen aufgelistet: „ich sehe das als Aufgabe der Eltern an", „ich habe nicht soviel Geld zur Verfügung" et cetera. Am einfachsten wäre es, *weil* einfach durch *denn* zu ersetzen – oder man muss die Haupt- in Nebensätze umwandeln: „… weil ich das als Aufgabe der Eltern ansehe".

„Weil in der Zeitung haben sie geschrieben, dass am Brunnenmarkt gestritten und gehasst wird." Nicht alles, was in der Zeitung steht, stimmt. Auch grammatikalisch nicht. Richtig wäre: Weil sie in der Zeitung geschrieben haben …, dass …, machen wir einen Lokalaugenschein. Andernfalls ist ein *denn* zu verwenden: „Denn in der Zeitung haben sie geschrieben …" Weil's wahr ist.

„Wenn du mich wirklich lieben würdest …" – so lautete der Titel der Coverstory einer Illustrierten. „Wenn-Sätze sind würdelos", hat unsereins ja noch in der Schule gelernt – eine Regel, die freilich heutzutage nicht mehr so streng gehandhabt wird. Überhaupt in diesem Zusammenhang: Liebe darf doch nicht *würdelos* sein. Man könnte natürlich noch weiter sinnieren: Sollte Liebe nicht überhaupt ohne Wenn und Aber funktionieren? Womit dann mit einem Augenzwinkern der ganze Artikel ad absurdum geführt wäre.

Absurd auch Folgendes: „Wem das nicht gelingt, muss halt nach Linz fahren", war in einem Zeitungsartikel mit Veranstaltungstipps zu lesen. Da fehlt doch was! *Der* muss nach Linz fahren. Sonst klingt das *wem* weiter, und da führe ja dann *dem* im dritten Fall nach Linz. Was grammatikalisch nicht gelingen wird. Alles klar?

Was war es bloß, woran ich habe anknüpfen wollen? Ach ja, „habe anknüpfen wollen", „hätte erklären sollen" et cetera. Die Wortstellung in solchen Fällen bereitet vielen Kopfzerbrechen. Dabei gibt es eine einfache „Eselsbrücke": *Hi-Ha-Mo*, soll heißen: Hilfszeitwort, Hauptzeitwort, Modalverb. Diese Stütze habe ich natürlich von Onkel Otto, wie die Liebe zur Sprache überhaupt.

Lange Sätze können oft verwirrend sein. Nehmen wir folgendes Beispiel aus dem „Kurier": „Das Haus in Portugal blitzartig verlassen, wurde der Rückflug für die besorgte Tochter zu einer wahren Odyssee." Da hat's was. Der Schreiber wollte *verlassen* sichtlich aktiv gebrauchen, was so aber nicht geht, und außerdem ist es nicht der Rückflug, der das Haus verlassen hat. Genau genommen handelt es sich beim ersten Halbsatz um einen Ablativus absolutus – aber den gibt's halt im Deutschen nicht.

Auch die Konstruktion mit der erweiterten Nennformgruppe (um – zu) erfordert Subjektgleichheit. Der Brauch des Martinigansls wird auf einer Speisekarte in einem österreichischen Restaurant in Berlin folgendermaßen erklärt: „Seitdem wird an seinem Namenstag eine Gans gebraten, um sich seiner zu erinnern." Dass man wie am Spieß schreien kann, ist uns bekannt, aber ob sich die arme Gans wirklich an den heiligen Martin erinnert, während sie gebraten wird?

Oder: „Um sich keinen Problemen mit Hauseigentümern auszusetzen, sollen die Stützen an eigenen Stehern montiert werden." Wer, bitte, hat schon einmal Stützen gesehen, die Probleme mit Hauseigentümern hatten? Eher umgekehrt. In diesem Satz sind freilich die Mieter gemeint, die sich Probleme mit den Hauseigentümern ersparen sollen – was nicht richtig herauskommt.

Bleiben wir gleich im Hausflur: „Das Abstellen diverser Gegenstände im Stiegenhaus und den Kellergängen ist aus feuerpolizeilichen Gründen nicht gestattet und wird kostenpflichtig entfernt." Diese gelungene Aufschrift befindet sich auf einer Tafel in einem Gemeindebau im dritten Bezirk in Wien. Die Bewohner des Gebäudes können jedenfalls beruhigt sein, solange nur „das Abstellen kostenpflichtig entfernt" wird und nicht die Gegenstände selbst. „Die Müllentsorgung anlagefremder Personen ist streng verboten", heißt es in einer anderen Wohnanlage.

„Zuwiderhandlungen berechtigen zum Verweis der Veranstaltung", wird auf der Rückseite einer Eintrittskarte ins Theater Rabenhof gewarnt, in Bezug auf die Hausordnung. Die arme Veranstaltung! Bekommt sie einen Verweis, wohin wird sie verwiesen?

Sie, liebe Leser, beherzigen bitte in Zukunft die genannten Regeln. Sonst könnten Sie der Lektüre dieses Buches verwiesen werden!

„Tiefste Anteilnahme statt Blumen"

Sogenannte Trauerarbeit kann auch sprachliche Schwierigkeiten bereiten

Die richtigen Wörter und Worte für Trauerfälle zu finden ist schwierig. Das *Beileid* ist eine sprachliche Missgeburt, aber dennoch schwer zu umschiffen. Herzliche *Anteilnahme* klingt hübscher, fließt jedoch leichter aus der Feder als über die Lippen. Absurd erscheint ein vorgedrucktes Kondolenz-Billet mit der Aufschrift „Tiefste Anteilnahme statt Blumen". Wer würde denn umgekehrt Blumen statt Anteilnahme übermitteln? Und dann noch die berühmte *Trauerarbeit*?

Diese kann jahrelang dauern, das Trauma manifestiert sich auch sprachlich. Wie „hilflos" und unzureichend Sprache sein kann, zeigte sich deutlich bei den Terroranschlägen vom 11. September 2001 in den USA. Es fehlten die sprachlichen Mittel, um das schier Unbeschreibliche zu beschreiben. Zu schwach wirkten die meisten, nicht wirklich treffend – und zugleich allzu bald überstrapaziert. Die Welt war sprachlos.

Weder war Amerika gegen Attacken dieser Art gewappnet – noch irgendeine Sprache dieser Welt darauf vorbereitet. So musste auch sprachlich „aufgerüstet" werden.

„Jenseits unseres Vorstellungsvermögens" waren die Ereignisse, „jenseits unserer schlimmsten Phantasien", wie es die Reporter am Schauplatz formulierten. Sie schnappten nach Luft und nach passenden Ausdrücken. Wie am „Rande eines Vulkankraters", ein „nuklearer Winter". Vergleiche und Metaphern wurden gesucht. Für Pearl Harbor hatte Franklin D. Roosevelt den eingängigen Ausdruck „Day of Infamy" geprägt – in welcher Sprachregelung würde der 11. September 2001 in die Geschichte eingehen?

Surreal war ein Adjektiv, das passend erschien. In Zeiten, in denen sogenanntes „Reality-TV" Pseudorealität vorspiegelt, wirkt die wirkliche Wirklichkeit „surreal". Die vielen Vergleiche mit Filmen, etwa „Independence Day", zeigten den verzweifelten Versuch, Analogien herzustellen.

Krieg bedeutet seither nicht mehr das, was wir bis dahin darunter verstanden hatten. Folglich muss auch der *Sieg* eine neue Bedeutung bekommen. Psychologisch verständlich auch, dass die Angehörigen der Opfer diese zunächst nicht als *tot* bezeichneten, sondern als *vermisst* oder *unaccounted for*.

Nineeleven – in den USA hat sich als Bezeichnung für die monströsen Anschläge ein schlichtes „911" eingeprägt. Kurz und prägnant spricht man vom Datum (wobei im Amerikanischen zuerst der Monat, dann der Tag genannt wird), und jeder weiß, was gemeint ist. Dass 911 zugleich auch die Notruf-Telefonnummer der Polizei ist, war bereits zur Zeit der Anschläge als sonderbare Koinzidenz aufgefallen.

Zunächst hatte man die Ereignisse vorsichtig mit „what happened" umschrieben oder Formulierungen gebraucht wie „when the planes hit", die der Tragweite der Attacken nicht gerecht wurden.

Mittlerweile ist *Nineeleven* fest im Sprachschatz der amerikanischen Bevölkerung verankert und wird es wohl auch bleiben. Ein Politiker verhaspelte sich einmal und sprach statt von 911 von „seveneleven", jener „Conveniencestore"-Kette, deren Geschäfte früher von sieben Uhr früh bis elf Uhr abends geöffnet hatten (heute rund um die Uhr, also „24/7" – 24 Stunden, sieben Tage die Woche). Der Politiker entschuldigte sich für den Lapsus, liegen doch zwischen 911 und 711 Welten.

Genau hier setzt die Sprachkritik mancher amerikanischer Linguisten, Psychologen oder Autoren an: Das banale, auf eine Zahl reduzierte „911" verhindere in seiner „seelenlosen Kürze", dass der Sprecher einen Moment innehalte, trauere, Mut schöpfe. Wenn man die Ereignisse nicht adäquat artikuliere, indem man einen „treffenderen" Ausdruck finde, drohe moralisches Chaos. Unsinn, meinen andere. „Nineeleven" sei wegen seiner knappen Eindeutigkeit der ideale Ausdruck. Es sei wie mit dem „4th of July" – niemand spreche da vom „Independence Day".

Mischen Impossible

Der verzweifelte Kampf gegen das Englische und andere
Einflüsse von außen

Seit einigen Jahren hat sich die *Stiftung Deutsche Sprache*
dem Ziel verschrieben, unsere schöne Muttersprache „für
die heutigen und kommenden Generationen als ein Kul-
turgut von höchstem Wert ... unbeschädigt zu erhalten ..."
Sie wendet sich gegen die „schädlichen Einflüsse, die viele
Massenmedien, die Werbung und manche Prominente
durch ihr ‚Denglisch' auf unsere Sprache ausüben". Im
Rahmen der Aktion *Lebendiges Deutsch* werden jeweils
Wörter des Monats gesucht, etwa *Aussetzer* für *Blackout*
oder *Schrottanleihen* für *Junk Bonds*.

Ein *Mouse-Pad* für die Computermaus kann von einem
puristischen Deutschen glatt auch mal als *Maus-Matte*
bezeichnet werden. Deutsche Freunde haben dies in einem
Fachgeschäft aufgeschnappt, ebenso die Bezeichnung
Klapprechner für *Laptop*. Spaßige Spitznamen für *Laptop* in
Österreich: *Schlepptau*, weil man ihn ja in selbigem hat,
oder auch *Lappentopf*, *Topflappen* ... Na ja, man kann es
beim Kampf gegen die Übermacht des Englischen wohl
auch übertreiben!

Nicht nur in Österreich gibt es Bestrebungen, die Muttersprache gegen das Englische zu verteidigen. Vor allem
zu Beginn des US-Kriegs gegen den Irak, den die europäi-
schen Länder mehrheitlich nicht unterstützten, gab es stark
anglophobe Tendenzen. Die in Berlin ansässige Arbeitsge-
meinschaft „Sprache in der Politik" rief damals zur „Sprach-

demo" auf: Um gegen den „völkerrechtswidrigen" Krieg der USA und Großbritanniens gegen den Irak zu protestieren, sollten deutschsprachige Medien und Politiker statt der englischen wieder vermehrt französische Lehnwörter verwenden.

Adieu für *Bye bye, Billet* statt *Ticket, Bonvivant* statt *Playboy, Chanson* für *Song, D'accord* für *Okay, Hausse* für *Boom, Equipe* für *Team, Etikett* für *Label, Fete* für *Party, formidabel* für *cool, Hautevolee* für *High Society, Karton* statt *Box, Mannequin* für *Model, Niveau* für *Level, Opinion publique* für *Public Opinion, Ordinateur* für *Computer, Pointe* für *Gag, Sofa* für *Couch, Rendezvous* für *Date, Resümee* für *Abstract, Revue* für *Show, Trikot* für *T-Shirt*. „Die Liste wird fortgesetzt", heißt es weiter.

Es sollte wohl die politische Retourkutsche dafür sein, dass die Amerikaner die „French Fries" in „Freedom Fries" umbenannt hatten.

All das ist mittlerweile vergessen, die „French Fries" haben ihren „französischen" Namen wieder, und trotz der anhaltenden Unzufriedenheit mit dem Verlauf des Irakkriegs behauptet die englische Sprache wieder unangefochten ihre globale Vormachtstellung.

Unabhängig von aktuellen Anlassfällen wollen wir uns unsere sprachliche Liberté bewahren. Die eigene Muttersprache pflegen, dabei aber das Englische und andere Fremdsprachen – in Maßen und auf korrekte Weise – durchaus zulassen. Die Zukunft liegt nicht im Purismus, sondern in der Offenheit.

Wen stört es schon, dass die Knabbereien, die wir früher schlicht „Studentenfutter" nannten, nun auf der Packung zusätzlich als „Mix-Max-Fruits" und „Pronto-Snack" angeschrieben sind? Da schmeckt es dann auch gleich viel besser. Pronto.

Italien-Urlaube waren ja bei den Österreichern immer schon beliebt. Und auch, wenn man nicht vor Ort ist, gibt man sich gern italienisch. *„Ein Gelati!"*, ruft der Österreicher oft stolz über die Theke. Obwohl es in der Einzahl *gelato* heißt. Aber auf -i klingt's halt viel schöner – und für hiesige Ohren anscheinend „echt italienisch". Ein *Panini* wird da bestellt oder ein *Tramezzini*. Nun, die Brötchen bestehen zumindest aus Ober- und Unterteil. Oft isst man ja auch de facto mehr als eines. Schlimm nur, wenn einen beim gierigen Schlingen ein *Paparazzi* erwischt oder man gar in die Fänge eines Mafiosi gerät ... Sie alle müssten in der Einzahl auf O enden.

Leichter tun wir uns mit dem Kaffee. Der *Espresso* wird gemeinhin korrekt im Singular bestellt (obwohl man durchaus zwei hintereinander vertragen kann), ebenso der *Cappuccino*, dessen Bezeichnung sich von den Kapuziner-mönchen herleitet. Wie diese trägt der Cappuccino ein braunes Häubchen. Wussten Sie übrigens, was ein *Über-stürzter Neumann* ist? Auch hiebei handelt es sich um eine – freilich Wiener – Kaffeespezialität (Näheres unter www.wiener-kaffeehaus.at).

Zurück zum Italienischen: In einem Supermarkt in Washington ist auf der Wand beim Eingang ein Willkom-mensgruß in vielen Sprachen zu lesen: Welcome, Bien-venu, Willkommen et cetera. Die italienische Version lau-tet *ben trovato* [statt *benvenuto*]. Einer Freundin fiel der Fehler im Sprachengewirr auf. Gut gefunden, ben trovato, kann man ihr nur attestieren. Oder ist es Absicht: ein Hin-weis darauf, wie gut das Geschäft sortiert ist? Dass man das Gesuchte, eh man sich's versieht, auch schon gefunden hat. Wohl kaum.

Wie soll man sich bloß in der modernen, internationa-len Sprache zurechtfinden? Was Österreicher und Deutsche anglophil *Handy* nennen, bezeichnet man auf englisch als *cell-phone* (oder *mobile phone*). Für die Franzosen steht im Vordergrund, dass man es mit sich tragen kann (*portable*), während für die Italiener die Größe – beziehungsweise deren Gegenteil – ausschlaggebend ist: *telefonino*. Trocken der Schweizer: *Natel* nennt er es beharrlich, sein *Nationales Telephon*.

Überhaupt ist der Schweizer eine seltsame Spezies. Er *geht* überallhin, auch wenn es noch so weit ist. „Ich gehe demnächst nach Alaska." Die Deutschen wiederum *laufen*, wenn sie eigentlich *gehen*. Womit wieder einmal erwiesen wäre, dass einzig die Österreicher wahres Deutsch sprechen.

Mischen Possible I – Engleutsch/Denglisch

Ein bisschen Englisch, ein bisschen Deutsch. Plädoyer für ein friedliches Nebeneinander von Fremdsprache und Muttersprache

„Wer eine Junior-Tüte will, bestellt ab jetzt ein Happy-Meal." Mit diesem etwas holprigen Reim (Hinkjambus?) kündigte McDonald's vor einiger Zeit die Namensänderung des beliebten Fresspakets für Kinder an. Der Inhalt bleibt gleich, während die sprachliche Hülle ausgetauscht wird.

Ist *Junior-Tüte*, Mischung aus lateinisch und piefkonisch, zu altmodisch? Es scheint so. Außerdem entspricht die Bezeichnung *Happy-Meal* natürlich dem Trend, demzufolge alles *happy* sein und *fun* machen muss. Dass Burger, Pommes und Cola ungesund sind und langfristig kaum glücklich machen, darüber *smilen* wir halt hinweg. Wir sind schließlich *taff!*

Ohne Englisch geht heute sichtlich gar nichts, wenn man „in" sein will. Deshalb hat zum Beispiel ein Veranstalter das von ihm organisierte *Berg- und Abenteuercamp* (BAC) flugs umbenannt in *Best adventure company* (ebenfalls BAC, wie praktisch!). Und Leute, die sich im Büro schlecht behandelt fühlen, sprechen kess von Mobbying. Mobbing allein genügt (von mob, anpöbeln), englischer wird's nicht. Hobby, Lobby – das sind andere Dinge.

Auf den Englisch-Zug aufgesprungen sind auch die Österreichischen Bundesbahnen. Die angebotene *Vorteilscard* – heute hat man sich längst an sie gewöhnt – war anfänglich von Puristen scharf kritisiert worden: Hätte man sie nicht einfach *Vorteilskarte* nennen können? Das gleiche gilt für *Service-Line*, *Verlängerungs-Mailing* et cetera. Der Vormarsch des Englischen ist nun einmal nicht aufzuhalten, und nicht nur die ÖBB gehen davon aus, dass solche Angebote *zug*kräftiger sind.

Ähnliche Kritik gab es an den Wiener Linien und Stadtwerken. Vielfach wurde beanstandet, dass diese in ihre Werbetexte zu viel Englisch einfließen lassen. *Kid's Cup*, *NightFlight-Event* – Ausdrücke wie diese stoßen den Kritikern auf.

Dazu übrigens eine hübsche Fußnote: Auf der Wochenkarte für Wien steht: *Für NightLine ungültig.* Und damit es auch der richtige Engländer/Amerikaner versteht, wird prompt von „Engleutsch" auf Echt-Englisch übersetzt: *not valid during night service.*

Zu viel Englisch, das sich ins Deutsche einschleicht, ist vielen generell ein Dorn im Auge. „Ist es Mode geworden, sich der Muttersprache zu schämen?", fragt ein Leser. „Gefällt Ihnen ‚wellness' wirklich besser als ‚Wohlgefühl', ‚Wohligkeit'?", fragt ein anderer. Ich hatte argumentiert, dass gerade in der Werbesprache englische Ausdrücke häufig gezielt eingesetzt werden.

So betonten etwa auch die Wiener Stadtwerke, dass sie für eine Veranstaltung für junge Nachtschwärmer „bewusst den bei dieser Bevölkerungsgruppe beliebten Mix zwischen Deutsch und Englisch" gewählt haben – wohl ihr gutes Recht. Das ist etwas anderes als der lässige Gebrauch englischer Wörter, wenn es ebenso passende deutsche gibt. Zum Beispiel: Ein Frauenarzt klagt über den Mangel an Samenspendern. Immer mehr Österreicher seien unfruchtbar. Schuld daran: der *Lifestyle* und seine Folgen. Da hätte es der *Lebensstil* wahrlich auch getan.

Lexikalischer Purismus hat seine Berechtigung – aber auch Grenzen. Sprache muss – in Maßen – offen sein. Zu viel des Guten ist sicher schlecht, der Gebrauch von Fremdwörtern also, wo diese absolut nicht notwendig sind, nur weil es eben Mode ist. Man kann den Sprach-Purismus andererseits aber auch übertreiben, indem man sich an längst eingebürgerten Wörtern wie etwa *Internet, Live Musik* oder *Highlights* stößt. Oft ist mit dem englischen Ausdruck auch nicht genau das gleiche gemeint wie mit dem deutschen, siehe etwa *Kinder* und *Kids*. Mit Letzteren bezeichnet man im „Deutschen" eher das ältere, mit Kindern das jüngere Segment.

Warum halten wir uns nicht an den Leitsatz unseres lokalen Bäckers? „Mischen possible", schreibt er und wirbt damit für die Möglichkeit, drei Weckerln nach Wahl zu einem günstigeren Preis zu kombinieren. Ein Sonderangebot, das unserer Meinung nach auch sprachlich gut gelungen ist. Man kann durchaus Ingredienzien aus verschiedenen Sprachen mischen, solange diese zusammenpassen.

Oft wird gezielt in die Fremdsprache ausgewichen, wie etwa bei folgendem Wortspiel: „Wir haben die Energie, um aus Wellen Wellness zu machen." Wenn die „Wien Energie" so wirbt, erscheint es sinnvoll. (*Macht* aber nicht Sinn – auch das ein ungeliebter Anglizismus!)

Ob und inwieweit *mischen possible* ist, hängt natürlich sehr vom Geschmack des Konsumenten ab. Eine Leserin etwa beklagte sich über eine Postwurfsendung, in der *Schnelle Küche zu easy Preisen* angepriesen wurde. Willkürliche Kombinationen wie diese verletzten das Recht auf verständliche Information und führten langfristig zu einer Verhunzung der Sprache, beklagt die Dame und findet einen drastischen Vergleich: „Wenn ich in ein Gulasch ein

Grießkoch einrühre, wird das jeden entsetzen; mit der Sprache tut man das gleiche, aber keiner regt sich auf."

Schwieriger wird es, wenn englische Verben ins Deutsche übernommen werden, wie etwa *scannen, scannte, gescannt* oder *recyclen, clubben, canceln* ... Da tauchen dann natürlich Fragen bezüglich der Konjugation auf, etwa ob es *gelayoutet* oder *layoutiert* heißt. Sehr amerikanisch mutet auch das Wort *gehypt* an, an das man sich freilich längst gewöhnt hat.

„... das wahre Drama: Wir geben uns nicht damit zufrieden, die deutsche Sprache zu ‚vergewaltigen‘, wir verhunzen die englische gleich mit. Und an dieser Stelle wird es auch mir als weltoffenem Sprachwissenschaftler zu bunt. Wer um Himmels willen, so frage ich mich, hat uns die diebische Freude an der deutschen Konjugation englischer Verben eingegeben? Hemmungslos wird tagtäglich *gedownloaded, gebookmarkt* und *deleted.*" In M. Evers' Klage-Kolumne (auf der Website der „Westerwelle AG/Karriere-portal") kann man nur einstimmen.

Bei der Abwandlung englischer Verben auf Deutsch wird es oft problematisch: *upgegradet, recycelt, gebackupt.* Im Schönbrunner Bad wird gar *relaxt.* Da kann man schon eine Gänsehaut bekommen (statt Sonnenbrand). Freilich liegt im Deutschen eine sprachliche Alternative oft nicht auf der Hand. Beim Upgraden im Flugzeug etwa. Sollen wir also über den Wolken sprachliche Freiheit gelten lassen?

Auch mit dem Jetlag ist es ja so eine Sache. Laut Duden: „Beschwerden nach schnellem Überfliegen mehrerer Zeitzonen". Mühsam! Im allgemeinen Sprachgebrauch: *gejetlagged.* Wäre nicht *jetlägerig* hübscher, in Anlehnung an *bettlägerig*? Und was halten Sie von einem *gesättelten* Familienvater?

Weniger schwierig ist es, wenn man bei Infinitiven à la *surfen, jetten, jobben, catchen* bleibt. Oder bei Substantiven. Deren Geschlecht richtet sich übrigens nach der deutschen Entsprechung: der Airport (Flughafen), die City (Innenstadt), das Business (Geschäft). Wie Deutsch und Englisch einander befruchten können, zeigt folgendes Beispiel: Am Flughafen in Washington werden die Ankömmlinge unter anderem auf Deutsch angesprochen. Sie mögen „das grüne oder das weiße *Form*" ausfüllen. Formvollendet, nicht?

Am nächsten Tag bin ich gejetlagged. Erst langsam rapple ich mich auf und gönne mir einen *Extender*. Falsch geraten: Keine Dehnungsübungen. Einen Verlängerten! Gelesen auf der Speisekarte im Lokal eines Auslands-Österreichers auf Cape Cod.

Mission Possible II

Lehnwörter aus dem Deutschen

„Donald Rumsfeld isn't a mensch", schrieb die „New York Times", als selbiger noch amerikanischer Verteidigungsminister war. In der ganzen Regierung Bush klaffe ein riesiges „mensch gap". *Mensch* als Person mit Rückgrat und Verantwortungssinn.

Wir können uns auch an anderen deutschen Ausdrücken erfreuen, die in der englischen Sprache Aufnahme gefunden haben. Zusätzlich zum *mensch* gibt es den *übermensch* (dekliniert wird natürlich nicht), den *doppelgänger* (wobei in Ermangelung von Umlauten aus ü oft u, aus ä a wird, also *ubermensch* und *doppelganger*) und die *gemeinschaft*.

Ob *kindergarten, rucksack, kaffeeklatsch*, ob *schadenfreude, angst, weltschmerz* oder *wanderlust*: „There are no *verbotens* with me!", wie es ein Politiker im Fernsehen formuliert. Keine Tabufragen. Und keine Tabuwörter. Stolz wird auf die Tradition der Dichter und Denker Bezug genommen: von der *weltanschauung* über den *bildungsroman* bis zu *leitmotif* und *zeitgeist*. Sogar *fingerspitzengefuhl* ist für die Amerikaner kein Fremdwort. Vielleicht aber für die Bush-Regierung? Der Präsident müsse sich um die *gestalt* der Nation sorgen.

Darf's *kirschwasser* sein, *kohlrabi, pfeffernuss?* Oder ein *pretzel* im *deli(katessengeschäft)* an der Ecke? An einem *pretzel* hat sich George W. Bush ja vor einigen Jahren massiv verschluckt, wie die Medien weltweit berichteten.

Deutsche Wörter haben im Zuge der Auswanderungswellen im 19. und 20. Jahrhundert ins Englische Eingang gefunden, aber auch in andere, vorwiegend osteuropäische Sprachen wurden sie transportiert. Etwa 10.000 deutsche Wanderwörter sind bekannt; kürzlich wurden bei einer Aktion des Deutschen Sprachrats weltweit Lehnwörter aus unserer Muttersprache gesammelt, dokumentiert und in Buchform publiziert. Menschen aus 70 Ländern reichten über 6000 Ausdrücke ein.

Am häufigsten wurde das weithin bekannte französische Wort *Vasistas* eingeschickt. Was ist das? Ein Oberlicht, Kippfenster. Gewonnen hat das Wort *Kaffepaussi*, finnisch für Kaffeepause. Dazu vielleicht ein russisches *Butterbrot*, das freilich mit einem anderen Belag als mit Butter verfeinert wird.

Russen geraten auch in *Zeitnot*, sind mit *Sitzfleisch* – oder gar mit einem *Vielleichtchen* ausgestattet, einem Einkaufsnetz. Man weiß schließlich nie, ob es unterwegs vielleicht etwas zum Einkaufen gibt. Im Japanischen werden Studentenjobs *arubeito* genannt, was sich von *Arbeit* herleitet. Die Japaner kennen auch den *wanderfógeru*, den Wandervogel. Und Nigerianer fragen: Is das so?

Dann wäre da noch das norwegische *Vor- und Nachspiel* zu erwähnen. Diese Lehnwörter sind nicht sexuell konnotiert. Vielmehr geht es um den Alkoholkonsum vor und nach einem gesellschaftlichen Ereignis, im deutschen Sprachraum *Vorglühen bzw. Absacken* oder Fluchtachterl genannt.

Also bitte, man rege sich nicht allzu sehr über die Immigration des Englischen auf! Ist doch zugleich eine nennenswerte Emigration des Deutschen zu verzeichnen.

Mit dem Latein am Ende

Wie man eine Sprache endgültig umbringt

„Hast du schon dein Visa?" Fragen wie diese nerven. Denn in der Einzahl heißt es immer noch *Visum*. Es handelt sich schließlich nur um *einen* Sichtvermerk (lateinisch für „gesehen"). Von *Visa* darf man meinetwegen sprechen, wenn man im Plural spricht, die gleichnamige Kreditkarte meint – oder sobald man in Amerika ist, da im Englischen die Einzahl *Visum* unbekannt ist.

Da wir gerade bei Latein sind: Ein Leser rügte mich, weil ich es als *tote* Sprache bezeichnet hatte. Latein sei die Basis für so vieles, meinte er, dass „*tot*" unter Anführungszeichen gesetzt werden müsse. Eine Sprachspalterei, wahrlich. Ist es doch allgemein üblich, Sprachen, die nicht mehr in Gebrauch sind, als tot zu bezeichnen. Ohne ihnen deswegen zu nahe treten zu wollen.

Auch Goethe wirkt weiter, beispielsweise, und das ohne Anführungszeichen. Oder – um ein weniger prominentes Beispiel zu nennen – Onkel Otto, der sich bestimmt jedes Mal im Grab umdreht, wenn einer seiner Nachkommen gegen die Regeln der deutschen Sprache verstößt.

Auch tote Sprachen können einem durchaus am Herzen liegen. Aber Vorsicht ist geboten! So berichtete etwa eine Zeitung vom „Teamchef abeundi Hans Krankl". Schon früher war von allerlei Präsidenten, Piloten, gar Chefredakteuren „abeundi" die Rede gewesen.

Fälschlicherweise. Denn *abeundi* ist der Genitiv des lateinischen Gerundiums (Verbalsubstantiv), also der hauptwörtlich gebrauchten Nennform. Es bedeutet somit *des*

Weggehens. Richtig müsste es entweder vollständig *in statu abeundi* heißen (im Zustand des Weggehens) – oder: Teamchef *abiturus* (Partizip Futur). Wovon sich übrigens das Abitur ableitet, weil ja der Schüler, nachdem er dieses bestanden hat, die Schule verlässt. Und wehe ihm, wenn er davor im Latein-Unterricht *abeundi* falsch übersetzt – dann ist er wohl nicht *maturus* (reif), sondern eher *moriturus*, todgeweiht ...

Brrr! Immer dieses Bildungsbürgertum, mögen Sie denken. Lästiges Latein! Wir wiederholen uns mit der Aufforderung: Wenn schon fremdwörtlich, dann richtig. Oder man verzichtet auf „lateinische Kinkerlitzchen" und spricht einfach vom „scheidenden Teamchef".

Unprofessionell ist auch der Gebrauch von *professorisch* statt *provisorisch* (vorläufig), von *Professorium* statt *Provisorium* (Übergangslösung). Hier ist es von Vorteil, zwischen den lateinischen Verben *profiteor*, professus sum (als Lehrer eine Wissenschaft vortragen) und *providere*, provisum (voraussehen, Vorkehrungen treffen) unterscheiden zu können.

Ja, Altphilologen können sehr streng sein! So hat unsere Forderung nach „kurzer und prägnanter" Ausdrucksweise Kritiker auf den Plan gerufen, die erklären, *prägnant* (von lateinisch „praegnans", schwanger, trächtig) sei korrekterweise im Sinne von *bedeutungsschwanger* zu verstehen. Statt prägnant müsse es in diesem Zusammenhang also *präzise* heißen, meinen die Meta-Sprachspalter. Bitte sehr, man lässt sich ja immer gern eines Besseren belehren.

Und weil wir gerade vom Lernen sprechen. Ein hohes Tier übersetzte einmal in einer Rede *Curriculum Vitae* kreativ mit *lebenslanges Lernen*. Letzteres dürfte zumindest im Lebenslauf (= Curriculum Vitae, CV) des Redners dringend vonnöten sein. Wie immer gilt die altbewährte Regel: Hände weg von Fremdsprachen, wenn man sich nicht hundertprozentig sicher ist!

Falsch lag auch die Kärntner FPÖ, als sie in einem Inserat erklärte, dass „*nur* in einem gesunden Körper auch ein gesunder Geist" wohnen könne. Soll sie das ruhig glauben, aber das lateinische Zitat von Juvenal wurde verzerrt und missbraucht.

Denn bei diesem ist von einem ausschließenden „nur" keine Rede. Vielmehr lautet der Satz (dessen Anfang immer unterschlagen wird): „orandum est, ut sit mens sana in corpore sano" („Man muss beten, dass in einem gesunden Körper auch ein gesunder Geist wohne").

In der Tat wurde in der Antike darunter eine Anrufung der Götter verstanden, sie mögen einem Kind sowohl einen gesunden Körper als auch eine gesunde, das heißt tapfere Gesinnung schenken. Wunschdenken also. Aber man muss realistischerweise bedenken: Nicht alle Gebete werden erhört. Besonders selten jene von Sprachspalterinnen!

Besuchen Sie uns im Internet unter
www.amalthea.at

© 2007 by Amalthea Signum Verlag, Wien
Alle Rechte vorbehalten
Schutzumschlaggestaltung: Kurt Hamtil, verlagsbüro wien
Umschlagabbildung: © Rudolf Angerer
Lektorat: Madeleine Pichler
Herstellung und Satz: Josef Embacher
Gesetzt aus der 12/14 pt Berkeley Book
Gedruckt in der EU

ISBN 978-3-85002-622-2